高速公路改扩建工程设计标准及安全优化理论与工程实践

郑培居　刘旷华　符锌砂　著

·广州·

图书在版编目（CIP）数据

高速公路改扩建工程设计标准及安全优化理论与工程实践/郑培居，刘旷华，符锌砂著.—广州：华南理工大学出版社，2019.7
ISBN 978-7-5623-6054-4

Ⅰ.①高…　Ⅱ.①郑…　②刘…　③符…　Ⅲ.①高速公路-改建-道路工程-工程设计-标准-中国　②高速公路-扩建-道路工程-工程设计-标准-中国　Ⅳ.①U418.8-65

中国版本图书馆 CIP 数据核字（2019）第 137966 号

Gaosu Gonglu Gaikuojian Gongcheng Sheji Biaozhun Ji Anquan Youhua Lilun Yu Gongcheng Shijian
高速公路改扩建工程设计标准及安全优化理论与工程实践
郑培居　刘旷华　符锌砂　著

出 版 人：卢家明
出版发行：华南理工大学出版社
　　　　　（广州五山华南理工大学17号楼，邮编510640）
　　　　　http://www.scutpress.com.cn　　E-mail: scutc13@scut.edu.cn
　　　　　营销部电话：020-87113487　87111048（传真）
责任编辑：黄冰莹
印 刷 者：虎彩印艺股份有限公司
开　　本：787mm×1092mm　1/16　印张：9.75　字数：208千
版　　次：2019年7月第1版　2019年7月第1次印刷
定　　价：30.00元

版权所有　盗版必究　印装差错　负责调换

前　言

我国高速公路从 1988 年"零"突破至 2017 年底,已建成通车 13.65 万 km,所形成的高速公路网极大地推动了国民经济的发展。随着地方经济与区域交通的快速发展,现阶段高速公路呈现出服务能力不足的现象,特别是东部沿海地区,其发展速度已远远超过了各种需求预测模型推算的公路运营期间的交通量水平,致使大部分 20 世纪 90 年代初期修建的四车道高速公路交通量日趋饱和,已不能适应高速公路的运行质量要求。高速公路改扩建是一种行之有效的改善措施,如广佛高速公路 1997 年即开始了国内第一条"四"改"八"的高速公路扩建工程;随后又有佛开高速公路、广三高速公路、广深高速公路等提上扩建日程;浙江省杭甬高速公路 1997 年建成通车后,仅四年时间就已无法满足交通需求,不得不按简易八车道扩容;随后辽宁省沈大高速公路历时 27 个月于 2004 年 8 月完成了全长 348 km 的八车道改造扩建工程。高速公路改扩建,已成为未来 10 多年新的建设热点。

然而,目前我国尚无针对改扩建工程的技术标准,而高速公路改扩建工程采用的技术指标,受到旧路现有交通运营条件、原采用的线形技术指标、地形条件、各种道路设施、道路周边环境,以及旧路与周边连接道路的互通等因素的影响。如何在改扩建道路中改善及消除旧路原有的事故黑点,提高改扩建道路的设计车速和相应的各类设计指标,以及如何确定经济合理的最优车道方案等,已成为高速公路改扩建工程前期研究的瓶颈。由于国内对改扩建高速公路前期的相关研究较少,在设计车速等技术指标以及车道数等通行能力决策方面存在一定的盲目性,对改扩建特色的高速公路安全设计技术研究也存在理论缺失。

惠深(盐田)高速公路惠州有限公司、华南理工大学在高速公路改扩建工程方面做了大量的研究工作,包括广东省交通运输厅科技计划项目"高速公路改扩建工程安全设计及安全保障关键技术研究"(科技 2010 - 02 - 034)、"高速公路改扩建工程通行能力及技术指标研究"(科技 2015 - 02 - 004)、"高速公路改扩建工程交通组织及安全保通技术研究"(科技 2015 - 02 - 003),完成了惠深(盐田)高速公路惠州有限公司"惠深高速公路惠州段"改扩建工程建设项目。

为了总结和推广多年来积累的高速公路改扩建研究成果，惠深（盐田）高速公路惠州有限公司及华南理工大学科研人员撰写了本书，其中第一章由郑培居撰写，第二章由郑培居、刘旷华、符锌砂、王晓飞、郑伟、梁中岚、姚江贝撰写，第三章由郑培居、刘旷华、胡铁刚、何方君、符锌砂、蒲华乔撰写，第四章由郑培居、刘旷华、王晓飞、郑伟、梁中岚撰写，第五、六章由符锌砂、王晓飞、郑伟、梁中岚、朱博雅、姚江贝撰写，第七章由郑培居、刘旷华、符锌砂、王晓飞、郑伟、梁中岚、朱博雅、蒲华乔撰写。全书由郑培居、刘旷华、符锌砂、王晓飞统稿。值此向全体撰写人员致谢！

本书部分资料来源于所列参考文献，在此向其作者表示衷心谢意！由于本书作者水平有限，不足之处在所难免，恳请读者批评指正。

作者

2019年5月于广州

目 录

第1章 概述 … 1
1.1 背景 … 1
1.2 主要内容 … 3
1.3 研究现状 … 4
1.3.1 通行能力方面 … 4
1.3.2 改扩建车道数决策方面 … 8
1.3.3 改扩建工程优化设计方面 … 9

第2章 拟改扩建高速公路现状道路交通参数特征分析 … 11
2.1 交通数据采集 … 11
2.1.1 采集内容 … 11
2.1.2 采集设备 … 12
2.1.3 交通调查数据样本的确定 … 16
2.2 旧路交通量及交通组成分布特征分析 … 20
2.2.1 交通量及交通组成调研方法 … 20
2.2.2 旧路交通量分布特征分析——以惠深高速改扩建先行段工程为例 … 23
2.2.3 旧路交通组成分布特征分析——以惠深高速改扩建先行段工程为例 … 26
2.3 旧路运行车速分布特征分析 … 27
2.3.1 运行速度调查方法 … 27
2.3.2 旧路速度分布特征分析——以惠深高速和开阳高速改扩建工程为例 … 30
2.4 本章小结 … 61

第3章 拟改扩建高速公路现状道路通行能力瓶颈特征分析 … 63
3.1 概述 … 63
3.1.1 通行能力 … 63
3.1.2 公路服务水平概述 … 64
3.2 高速公路通行能力分析 … 65
3.2.1 高速公路的组成 … 65
3.2.2 基本路段通行能力计算 … 66
3.2.3 交织区段通行能力计算 … 70

· 1 ·

  3.2.4 匝道—主线连接点通行能力 ·· 72
 3.3 旧路常见瓶颈分析 ·· 75
  3.3.1 横断面宽度变化段 ·· 75
  3.3.2 爬坡路段 ·· 75
  3.3.3 交织区 ··· 76
  3.3.4 合流区、分流区 ··· 76
 3.4 旧路瓶颈识别方法 ·· 77
 3.5 本章小结 ·· 80

第4章 拟改扩建高速公路现状道路安全性分析 ································ 81
 4.1 指标符合性检查 ··· 81
  4.1.1 平面线形 ·· 81
  4.1.2 纵断面 ··· 81
  4.1.3 横断面 ··· 81
  4.1.4 平纵组合 ·· 81
  4.1.5 视距 ·· 82
  4.1.6 合成坡度 ·· 87
 4.2 运行车速协调性和连续性的评价 ··· 88
  4.2.1 速度连续性及协调性评价指标及标准 ···································· 88
  4.2.2 平曲线协调性及舒适性评价指标及标准 ································ 89
  4.2.3 竖曲线协调性评价指标及标准 ·· 90
  4.2.4 总体连续性评价指标及标准 ··· 91
  4.2.5 弯道密度评价指标及标准 ·· 92
 4.3 交通事故调研与黑点鉴别技术 ·· 92
 4.4 实例分析——以惠深高速旧路为例 ·· 95
  4.4.1 旧路交通事故黑点分布特征分析及改扩建优化设计 ················ 95
  4.4.2 实例分析——以惠深高速旧路为例 ···································· 101
 4.5 本章小结 ·· 108

第5章 高速公路改扩建技术指标决策研究 ······································ 109
 5.1 改扩建高速公路技术指标研究 ·· 109
  5.1.1 现状道路设计指标安全性论证 ·· 109
  5.1.2 不同设计车速的拟改扩建高速公路技术指标选取 ················· 112
 5.2 改扩建设计指标优化 ·· 119
  5.2.1 灵活性指标 ··· 120
  5.2.2 硬性指标 ·· 122

目 录

  5.3 基于灵活性指标的改扩建工程技术指标选取程序…………………… 122
  5.4 本章小结…………………………………………………………………… 123

第6章 改扩建高速公路车道数决策……………………………………………… 125
  6.1 车道数决策基本原则……………………………………………………… 125
  6.2 基于经济性最优的车道数决策分析……………………………………… 125
    6.2.1 土地机会成本………………………………………………………… 126
    6.2.2 土地占用成本………………………………………………………… 126
    6.2.3 公路建设成本………………………………………………………… 126
    6.2.4 公路养护成本………………………………………………………… 127
    6.2.5 公路运输成本………………………………………………………… 127
  6.3 改扩建道路车道数最优决策模型………………………………………… 128
    6.3.1 基于经济最优化的改扩建道路车道数决策模型…………………… 128
    6.3.2 改扩建道路车道数最优决策支持系统……………………………… 130
  6.4 本章小结…………………………………………………………………… 131

第7章 高速公路改扩建工程优化设计技术……………………………………… 132
  7.1 拟改扩建高速公路线形不良路段的优化设计技术……………………… 132
    7.1.1 长直线的优化设计…………………………………………………… 132
    7.1.2 曲线间短直线的优化设计…………………………………………… 133
    7.1.3 急弯的优化设计……………………………………………………… 134
    7.1.4 小偏角弯道的优化设计……………………………………………… 134
    7.1.5 长大上坡的优化设计………………………………………………… 134
    7.1.6 长大下坡的优化设计………………………………………………… 134
    7.1.7 不良组合线形的优化设计…………………………………………… 135
  7.2 视距不良的优化设计技术………………………………………………… 137
    7.2.1 外侧车道停车视距优化设计………………………………………… 137
    7.2.2 中央分隔带停车视距优化设计……………………………………… 137
  7.3 路侧安全净区优化设计技术……………………………………………… 139
  7.4 立交优化设计技术………………………………………………………… 139
    7.4.1 车道数平衡优化设计………………………………………………… 139
    7.4.2 匝道优化设计………………………………………………………… 140
    7.4.3 其他改善立交桥安全的优化设计…………………………………… 141
  7.5 隧道优化设计技术………………………………………………………… 141
  7.6 本章小结…………………………………………………………………… 142

参考文献……………………………………………………………………………… 143

第1章 概 述

1.1 背景

改革开放40多年来,国家综合国力和人民生活水平的大幅度增强和提高,不断刺激着运输事业的迅猛发展,而公路交通更是处于一个高速与超前发展的时期。我国高速公路的建设从1988年实现"零"的突破,到2016年底已突破13万km,其中各省高速公路通车里程数据及排名如图1-1所示。

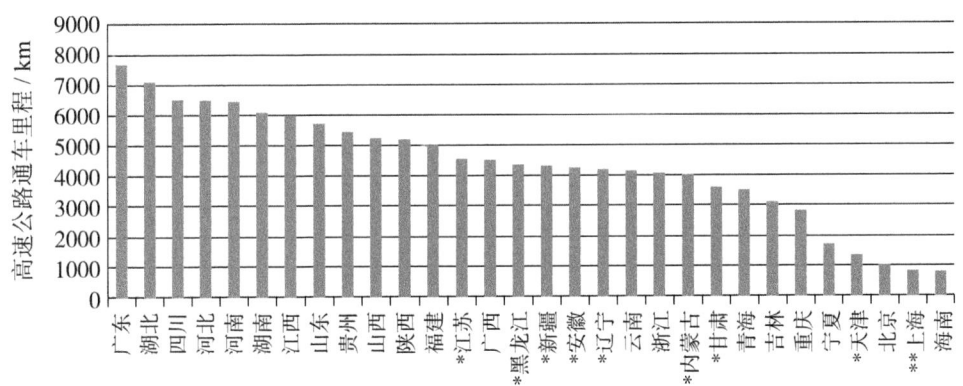

注:带 * 为2015年底数据,带 ** 为2014年底数据

图1-1 2016年底全国各省市区高速公路通车里程

数据来源:中国高速网 www.cngaosu.com

随着经济的快速发展,交通量迅猛增加,特别是东部沿海地区,其发展速度

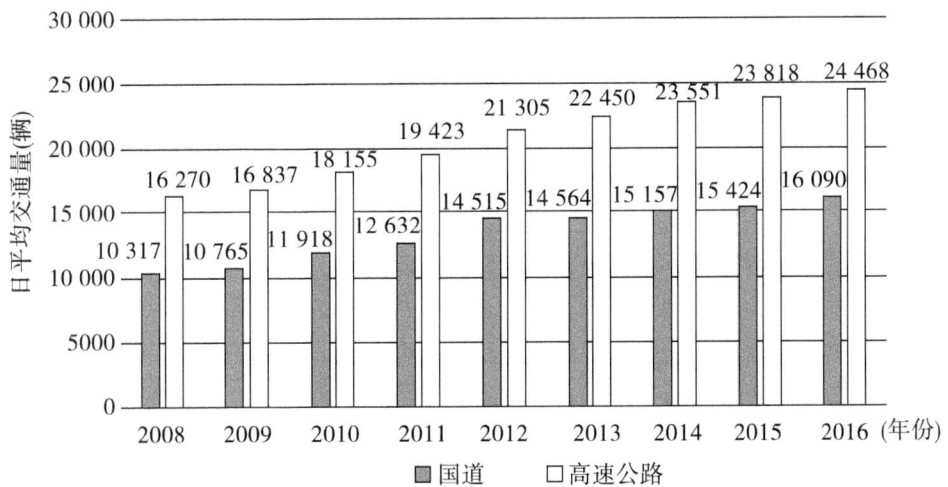

图1-2 2008—2016年国道、高速公路日平均交通量

已远远超过了各种需求预测模型推算的公路运营期间的交通量水平（图1-2），致使大部分20世纪90年代初期修建的四车道高速公路交通量日趋饱和（图1-3），早已不能适应高速公路的运行质量要求。经济发展带来车辆保有量的逐年增加，加重了道路基础设施的负荷。据统计，2016年全国高速公路日平均交通量为24 468辆，年平均日行驶量为109 261万km（数据源于中华人民共和国道路交通事故统计年报2016）。

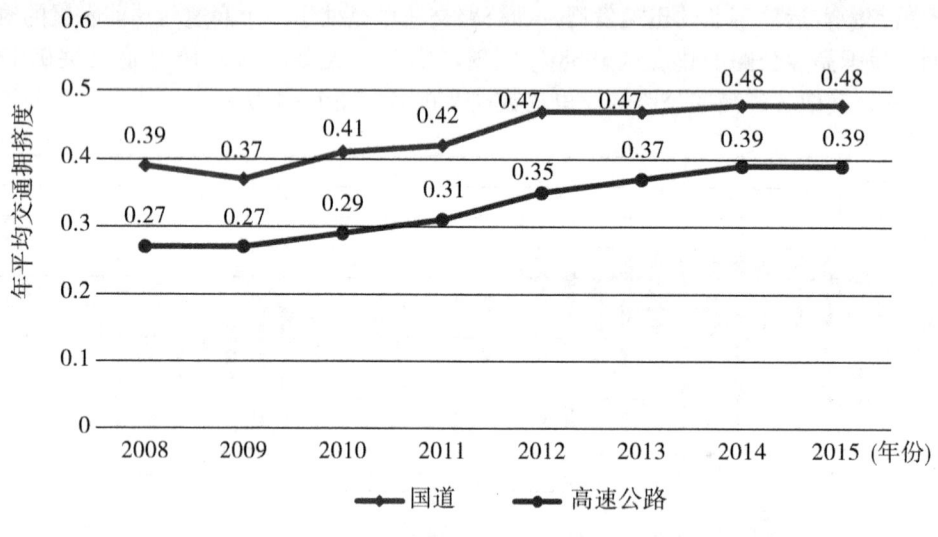

图1-3　2008—2015年国道、高速公路年平均交通拥挤度

高速公路通道资源的不可再生和减少用地以利于可持续发展的要求，以及高速公路沿线业已形成的产业带的交通需求，都要求对高速公路进行改扩建，以提高服务水平，适应经济建设发展。广佛高速公路1997年即开始了国内第一条"四"改"八"的高速公路扩建工程；随后又有佛开高速公路、广三高速公路、广深高速公路等提上扩建日程；浙江省杭甬高速公路自1997年建成通车后，仅四年就无法满足交通需求，不得不按简易八车道扩容；随后辽宁省沈大高速公路历时27个月于2004年8月完成了全长348 km的八车道改造扩建工程。高速公路改扩建，已成为未来10多年新的建设热点。

然而，目前我国尚无针对改扩建工程的技术标准，而高速公路改扩建工程所采用的技术指标，会受到旧路现有交通运营条件、原采用的线形技术指标、地形条件、各种道路设施、道路周边环境，以及旧路与周边连接道路的互通等因素的影响。如何在改扩建道路中改善及消除旧路原有的事故黑点，提高改扩建道路的设计车速和相应的各类设计指标，以及如何确定经济合理的最优车道方案等，已成为高速公路改扩建工程前期研究的瓶颈。由于国内对改扩建高速公路前期的相关研究较少，在设计车速和技术指标决策以及车道数决策时存在一定的盲目性，对改扩建特色的高速公路安全设计技术研究也存在理论缺失。

本书在广东省交通运输厅科技计划项目"高速公路改扩建工程通行能力及技术指标研究"（科技 2015-02-004）研究成果的基础上，针对高速公路改扩建工程的特殊性，通过文献及现状道路调研，对高速公路线形技术指标、运行车速分布、交通量、交通组成及通行能力分布特征进行分析，在拟改扩建高速公路现状道路安全性分析的基础上，探索改扩建高速公路的设计车速优化方案和经济合理的车道数最优改扩建方案，提出改扩建道路拟采用的技术指标进行论证和确定方面的决策方法，并探讨高速公路改扩建工程优化设计技术方法。本书依托惠深（盐田）高速公路惠州有限公司"惠深高速公路惠州段"建设项目，将研究成果应用于工程实践。

1.2 主要内容

（1）高速公路改扩建工程现状道路交通特征分析方法

根据高速公路改扩建工程的特点，系统介绍了改扩建工程现状道路交通数据采集目的、内容和方法；拟改扩建高速公路旧路交通量、交通组成和速度分布特征分析方法，并以惠深高速和开阳高速改扩建工程为例，将理论方法应用于实际工程之中。研究过程中，利用 MLE-LM 算法模型对二分 K-FCM 模型聚类下的各交通流态速度频率进行分布拟合，认为不同交通流态下速度分布均基本服从 Weibull 三参数分布，并通过统计分析得到运行速度 V85 值和车速分布模型及运行速度差值变化规律。

这些分析方法和理论模型的构建，为后续高速公路改扩建工程设计标准及安全优化理论提供分析方法和依据。

（2）拟改扩建高速公路现状道路通行能力瓶颈特征分析

在系统阐述了各类基本路段单元的通行能力计算和修正方法的基础上，对高速公路系统的常见瓶颈路段特征进行了分析，并提出了一种通用的瓶颈识别方法。

（3）拟改扩建高速公路现状道路安全性分析方法

详细阐述了拟改扩建高速公路现状道路的安全性分析方法，内容包括现状道路指标符合性检查方法、运行车速协调性和连续性的评价以及现状道路交通事故调研和黑点鉴别技术；并以惠深高速为例，将评价理论方法进行实际应用。

（4）高速公路改扩建技术指标决策研究

在对比历年高速公路建设标准的基础上，针对不同设计车速的拟改扩建高速公路现状道路，详细阐述了设计车速决策中安全性论证的问题。对改扩建高速公路的灵活性技术指标和硬性指标运用做了详细的分析，最终提出改扩建工程技术指标选取程序。

（5）改扩建高速公路车道数决策

详细分析了高速公路改扩建车道数决策基本原则，以公路产品的经济属性及其流转形式为研究对象，分析了车道数决策在经济视角方面考虑的问题。从土地所有者、公路建设者和公路使用者三者公路利益主体方的角度，将土地机会成本、公路建设成本和公路运输成本作为高速公路改扩建工程的主要成本组成，以服务水平和安全水平为约束条件，建立了基于服务于安全约束条件下的改扩建车道数决策模型及决策支持系统。

（6）高速公路改扩建工程优化设计技术

根据现状道路交通及道路设施的安全性分析，发现拟改扩建高速公路道路及交通运行过程中存在的各类安全隐患，在改扩建工程设计过程中，应用工程措施和管理措施，提出有效的优化设计对策，消除或减弱道路的安全隐患。提高道路的安全性，减少或避免交通事故的发生，是改扩建高速公路工程设计的重要内容。

1.3 研究现状

根据研究内容，针对通行能力、车道数决策以及改扩建工程优化设计方面展开研究现状的论述。

1.3.1 通行能力方面

（1）通行能力手册研究现状

道路通行能力研究始于美国，1950年美国交通研究委员会（TRB）出版了《道路通行能力手册》（Highway Capacity Manual，简称HCM）第一版，随后于1965年修订出版了HCM第二版。1985年HCM第三版问世，与前两版相比，第三版除详细论述了公路与城市道路的通行能力外，又增加了分析高速公路、自行车道、人行道和无信号交叉口等交通设施通行能力的内容。随着时间的推移，车辆拥有量、交通条例和交通行为均发生了变化，美国的道路通行能力手册仍在继续修订中。1994年和1997年又先后对第三版进行了修订。2001年又再次修订出版了新的HCM（命名为HCM 2000），并以车流密度作为评定道路服务水平等级的主要影响因素。

继美国之后，如英国、法国、德国、瑞典、加拿大、澳大利亚、日本等发达国家，均根据本国实情组织专业的研究队伍开展了这方面的实地调研，编制出版各自的HCM。如1977年，瑞典出版了《瑞典通行能力手册》；1984年，加拿大出版了《加拿大信号交叉口通行能力规程》；1986年，日本出版了《道路通行能力》；1994年，德国出版了《道路通行能力手册》（HBS）；等等。

20世纪80年代至90年代，一些发展中国家如印度、巴西、印度尼西亚、韩国、马来西亚等也在政府的支持下，对道路通行能力进行研究，编制出适合各自国情的通行能力手册。

(2) 通行能力软件研究现状

目前国际上较为流行的四套模拟软件分别是：美国的 HCS 系统，它与 1994 年版 HCM 相配套，用于各种交通设施下的交通运行分析；澳大利亚 ARRB 开发的 SIDRA 系统，主要适用于各类交叉口的运行分析；瑞典公路局的 CAPCAL 系统和荷兰公路局的 PTDESGN 软件，分别为交叉口和环岛的交通模拟模型。其中，以美国的 HCS 系统应用最为普及，也最具权威。

(3) 作业区通行能力研究现状

1982 年，Dudek 和 Richards 提出将拥挤状态下的小时交通量作为施工作业区段的通行能力值，这些数据为《道路通行能力手册》（HCM 1985）关于作业区通行能力的取值提供了参考。

1994 年，Krammes 和 Lopez 分析了 Texas 1987—1991 年车道封闭情况，针对高速公路短期作业情况下车道封闭的通行能力预测提出了建议，这些建议为 HCM 2000 中的相关计算方法提供了依据和参考。

1996 年，Dixon 等人认为 HCM 1994 中的相关值均是根据德克萨斯州的高速公路作业区采集的数据研究所得，具有一定的局限性，因此根据北卡罗来纳州的高速公路情况，在不考虑前方道路的连续性时，明确了高速公路作业区通行能力值。同时提出需要考虑以下变量的影响：①是白天还是夜间施工；②施工作业的强度（高、适中或低）；③施工区域开放车道的接近程度；④作业区布设；⑤作业区与立交的间距。

1997 年，Tarko 等人针对高速公路车道合并提出了高阶连续模型，该模型主要用于处理车道减少，车辆改变行车方向的问题。

1998 年，Enberg 和 Mannan 根据芬兰南部高速公路作业区的通行情况提出了三种通行能力预测模型。同年，Karen K、Dixon、Joseph E. Hummer、Nagui M、Rouphail 等人研究了高速公路施工区排队长度的评估方法。

1999 年，Yi Jiang 则在四车道的印第安纳州高速公路上获取了大量的实测数据之后分别对拥挤和非拥挤状态下施工区的通行能力、行车速度以及车队疏散率进行了研究。这项研究成果可以用于定量预测施工区的交通拥挤，评估交通延误以及分析出行费用。美国爱荷华州州立大学的交通研究及教育中心（CTRE）开展了对乡村州际公路施工区合流区域的交通管理战略的研究，作为研究手段及重要的研究成果之一，他们专门开发了施工区的交通仿真模型。

2000 年，Ahmed Al-Kaisy、Miao zhou、Fred Hall 等人在对多伦多南部的加迪纳高速公路进行了为期 4 天、总计 53 小时的施工区拥挤交通调查，调查结果基本显示了施工区的通行能力与 HCM 基本一致，同时也明确了施工区通行能力与驾驶人的性格、分布、星期几，以及天气状况等因素密切相关。两年后，Ahmed Al-Kaisy 与 Fred Hall 继续对加拿大安大略省一些高速公路施工区进行了深入调查后，提出了高速公路长期施工区域通行能力的评估技术。研究主要分两个方面，其一是高速公路施工区的基本通行能力及主要的影响因素，如大车影响、天气状况、施工区的布设、施工作业强度以及照明情况；其二，采用不同的分析技术手段和不同的具有代表性施工区域的观测数据开发了两个不同的"特定施工区域"通行能力模型。最后，综合上述两方面的研究，给出了一般施工区域的基本通行能力参考值。

2001年，美国的Kim等人在他们的研究报告中总结了影响高速公路养护维修区通行能力的几个独立因素：①封闭和开放的车道数目；②封闭车道的位置；③大车混入率；④离封闭车道的侧向净空；⑤施工区长度；⑥道路纵坡度；⑦施工区强度；⑧驾驶人类型；⑨施工持续时间；⑩天气情况等。他们利用从各州采集到的数据，建立了一个考虑了封闭车道数、封闭车道位置、大车混入率、离封闭车道的侧向净空、施工区长度、道路纵坡度几个主要影响因素的回归方程。

2002年，Operator Performance Laboratory（OPL）的Thomas Schnell与National Advanced Driving Simulator（NADS）的Jeffrey S. Mohror, M. S. 对多车道高速公路的四个施工区进行了数据采集、分析，并且运用Highway Capacity Software（HCS）、Synchro、Corsim（under ITRAF and TRAFVU）、Netsim and QueWZ92等软件对高速公路施工区的排队长度与延误进行了模拟。

2003年，Jiang等人考虑到影响施工作业区的因素太多，不大可能通过建立一个简单的数学公式来表达复杂条件下的作业区通行能力，提出了一种基于模糊神经网络模型来估计高速公路作业区通行能力的方法，这一方法与传统经验方法相比，综合考虑了众多影响因素，因而能够更精确地计算高速公路的施工作业区通行能力。

2004年，Sarasua、Davis、Clarke、Kottapally、Mulukutla等人提出了施工区通行能力的修正模型，并且在模型开发过程中，对施工区数据的采集和分析方法进行了总结。Benekohal、Kaja-Mohideen、Chitturi等人在考虑了施工区道路、交通条件以及施工密度等因素的情况下，通过大量的现场调查数据，开发了施工区的速度—流量曲线来估算通行能力，为道路的设计者和规划者提供了有力的依据。

此外，美国的MUTCD（Manual on Uniform Traffic Control Devices for Streets and Highways, 2003 Ed.）和HCM（Highway Capacity Manual）分别对道路施工区的交通组织和通行能力进行了集成研究。HCM对高速公路施工区的通行能力进行了较为全面的研究。道路通行能力手册专题研究报告209号（1991版）对现场有作业时的通行能力、长期施工现场——作业区用可移动混凝土路栏与交通隔离的通行能力、利用路肩作为一个临时车道以及车道变窄等情况下的通行能力进行了研究，并给出了相应的通行能力经验统计值。HCM 2000根据施工期间施工作业区隔离设施的种类，将施工分为短期养护施工与长期建设施工。对于前者给出了通行道路的单车道的基本通行能力，并用施工强度影响、大车的影响、匝道影响予以修正。对于后者则分别给出了单向双车道、三车道在不同施工情形下各车道的通行能力范围及平均每车道的通行能力。此外，二者每车道的通行能力都要进行车道宽度修正。

20世纪80年代以来，国内一些研究单位在引进国外（特别是美国）有关通行能力的研究方法及内容的同时，又对适合中国国情的通行能力及服务水平等方面进行了一些局部性研究，如北京、上海、广东、江西等省市的有关交通科研部门于80年代中期分别开展了混合交通双向双车道公路研究等工作。但这些研究并未纳入统一规划的轨道，未能形成通行能力的理论核心与框架。

1996年，国家计委批准立项"国道主干线设计集成系统开发与研究"项目，并由交通部公路科研所、交通部规划设计院、东南大学和北京工业大学四家联合河北、河南、北京、新疆、辽宁和广东等六省市科研设计单位组成联合攻关课题组进行"公路通行能力"专题研究。作为该课题的支撑项目，广东省交通科研所联合长沙交通学院进行"经济发达地区公路交通运行特性和通行能力研究"，辽宁省勘测设计院联合哈尔滨工业大学交通科学与工程学院开展"寒冷地区公路路段交通运行特性和通行能力研究"。由河北省交通规划设计院、河南省交通科学技术研究所共同承担，瑞典公路局作为国际咨询专家单位参与的世界银行贷款项目"道路通行能力研究"，则主要针对除高速公路以外的公路路段和交叉口，进行通行能力分析。上述课题均已通过课题鉴定，其研究成果总体达到国际先进水平。

我国尚无完整、系统的通行能力评价手册，通行能力研究是一个薄弱环节，现行《公路工程技术标准》（JTG B01－2014）（以下简称《标准2014》）的通行能力，基本上是沿用国外的数据，由于我国道路等级、车辆运行特性、交通组成、驾驶人总体特性等影响通行能力的诸多方面与国外情况有较大差别，因此现有《标准2014》的通行能力不能充分反映我国公路交通的实际运行特性，给我国公路发展的相关工作造成了困难。目前，有关部门正在组织出版适于中国国情的道路通行能力手册，而根据我国的实际情况，对道路通行能力进行广泛、系统的研究，已经成为一项十分重要且紧迫的任务。

2008年，张小宁、李乐园等以通行能力变化条件下的瓶颈动态交通分配模型为理论基础，根据该模型得出的满足用户均衡条件的交通出行分布模式，分析动态交通信号控制和旅行信息系统的工作原理，对动态交通控制模型和交通诱导模型进行计算分析，为交通控制、网络的通行效率提升和诱导的优化分析提供了指导性意见。

2012年，李淑萍在交通运行数据调查的基础上，从交通瓶颈识别方法研究入手，以缓解整个路网的交通瓶颈产生为目标，探讨了长春市二环路交通瓶颈识别与疏导策略的理论和方法，确定了采用服务水平法对交通瓶颈进行识别，然后通过改扩建瓶颈路段和交叉口缓解交通瓶颈的交通拥堵状况，从而解决长春市二环路乃至长春市整个路网的交通拥堵状况。其中，涉及的研究内容、研究方法和研究结论对解决城市道路交通拥挤问题提供一定的理论依据，同时具有极高的实际工程应用价值。

邓瑞在固定瓶颈形成机理的基础上，采用模糊推理方法将各个识别因素进行融合，识别规划路网及改善阶段路网中的固定交通瓶颈；对动态瓶颈的成因进行了分析，采用数据挖掘技术提取识别动态瓶颈的交通信息，提出了区域路网瓶颈的识别方法及识别流程，并建立了基于BP神经网络的动态瓶颈预测模型。

苏凯将地理信息技术引入城市路网通行能力分析以及路网结构的评价领域，结合图论的相关理论基础，利用ArcGIS Engine的强大功能，使用组件式开发手段，完成了基于GIS的路网通行能力分析系统，直观、明了地反映出某一区域路网的通行条件，为路网的改造及优化调整提供依据，对改善交通堵塞现象、提高路网通行条件有极其重要的意义。

徐瑶琳、符锌砂基于高速公路限速标准、限速方法以及改扩建高速公路的特征，围绕道路线形、特殊道路设施与事故率等方面着重分析了改扩建高速公路限速方案制定的依据及考虑因素，在符合相关法律法规的范围内提出适合我国改扩建高速公路限速研究及方案制定的思路及流程，并通过广东某改扩建高速公路的限速方案制定了详细的流程。

王长军、王宝等针对某一级公路升级改造为高速公路的情况，采用对比分析的方法阐述了采用不同设计速度时道路的通行能力、服务水平、工程方案等方面的差异，从而得出了设计速度应该维持原有道路设计速度不变的结论。

1.3.2　改扩建车道数决策方面

2011年，石伟红对路网规划理论在技术层面和经济层面的约束机制进行了分析，并应用数学模型将其量化表示。在技术约束中，将运输需求对路网规划的影响机理进行了分析。在经济约束中，对公路价值流转形式进行了详细论述，并指出参与价值流转过程的主体包括土地所有者、公路投资者和公路使用者。在这两方面约束存在的情况下引入了土地机会成本、公路建设成本、公路运输成本以及路网效率四个因素，建立了基于运输需求的路网规划基本模型，并在此基础上进行完善修正。研究结论表明，只有以运输需求为基础，同时综合考虑各参与主体的利损，才能使路网规划过程实现资源优化配置，更好地满足社会经济发展的要求。

邵旭东、彭建新在现有劣化模型基础上，研究桥梁结构在最优维护策略下寿命周期内的状态变化规律，以此为约束条件，提出全寿命优化设计方法的关键技术和设计框架，并编制相应的决策支持系统。以一座桥梁车道数（宽度）的决策为研究对象，根据桥梁全寿命设计理念，由桥面铺装的劣化—维护规律，对桥梁设计方案的决策进行新的尝试，证明了该方法的有效性和可行性。桥梁全寿命优化设计方法不但能考虑桥梁劣化和维护过程中的不确定性,而且能够合理规划桥梁服役期内的维护方案,平衡建造成本和维护成本,起到优化资源、保护环境的作用。

2008年,北京交通大学交通运输学院的杨小宝、张宁对实地调研得出道路平均每车道通行能力随着车道数的增加而边际递减的基础上,参照流体力学的研究方法,得出考虑换道的车道交通流动力学模型。采用特征线分析法得到该模型的解析解,运用数学方法分析了边际递减的原因和递减的规律,并运用实测数据验证了数学解释的合理性,得出换道频率的增加是通行能力递减的主要原因。

2010年,吉林省交通科学研究所对高速公路车道数影响因素进行了研究,简要分析了高速公路车道数受技术因素、经济因素及政策因素的影响,并认为影响车道数确定的主要因素除了以上三大因素外,决策因素也十分重要。

2015年,叶小宝、林豪等结合义乌疏港高速公路工程的实际情况,通过交通量的预测结果,介绍了高速公路工程可行性研究阶段确定车道数的方法,详细阐述了车道数的计算过程,为类似研究奠定了基础。

1.3.3 改扩建工程优化设计方面

1983年TRB组织在美国召开了公路扩建工程专题国际会议,该会议总结了公路结构拼接工艺与扩建施工方法,但在整体扩建方案设计方面涉及的较少。Jack E. Leisch等人对高速公路立交改扩建方案进行了对比分析,并系统地论述了公路改扩建项目中拓宽技术的发展。Fan. S. S.从交通流基础理论出发进行研究,对改扩建方案中道路预测流量与扩建后的关系做了分析。

陈胜营等结合四车道高速公路改扩建问题,提出了三种改扩建方案:路网加密方案、近距离新建方案、老路加宽方案,并分别进行了优缺点比较。

傅珍等结合国内已扩建项目情况,提出新建与加宽两种高速公路改扩建方式,其中加宽方式又细分为单侧加宽、分离式加宽、两侧加宽及混合式加宽等多种形式,并分别进行了比较分析。

王剑分析了公路改扩建方式的影响因素,经综合分析认为:采用多车道技术标准,在原有道路设施的基础上加宽改造,在现阶段我国大部分地区较为适宜。宋学文等依据安新高速、京珠高速、沪宁高速改扩建模式,综合分析了公路改扩建施工组织形式,在施工基础上分别进行了交通组织的比较分析。

陈冠结合广河高速公路(广州段)提升设计车速的技术实践,从技术指标、关键工点、工程规模及服务水平等方面对该路段原设计车速100 km/h提高至120 km/h进行了技术论证分析,总体认为是可行的。

2004年11月,凌九忠对高速公路扩建的基本方法即直接拼接和分离扩建进行了分析,并提出了"以分离为主,局部采用直接拼接"的方案。2006年李岚、陈德华研究了广佛、佛开高速公路改扩建工程交通组织方案,主要从外部分流和内部转换两个方面来研究，外部分流研究了分流车型、分流路径及分流诱导管制地点设置。同年，李永义研究了施工路段交通组织方案评价指标体系和高速公路施工路段交通组织方案评价方法。通过方案评价指标体系的研究，应用动态综合评价方法，确定了施工路段饱和度、平均速度、交通密度及平均行程延误四项评价指标，并对典型的双向四车道施工情形进行交通仿真。

2007年，张建龙利用交通仿真软件就施工区限速、大车混入率、封闭车道数和封闭形式、施工区长度及道路宽度和路侧净空几个可以量化的主要影响因素进行了高速公路改建工程施工区道路通行能力交通仿真，并对交通仿真结果进行了分析。

常永桦基于公路灵活性设计理念，采用美国道路路侧安全评价软件RSAP对典型路段进行评价与分析，通过对公路的路侧安全护栏、排水沟等多项路侧安全措施进行比选、分析和选定，系统分析了灵活性设计方法下典型路段路侧安全，提出了"等效补偿"的新理念及最优改善措施，提高了道路行车安全性。

第 2 章 拟改扩建高速公路现状道路交通参数特征分析

正确地对改扩建高速公路现状道路（以下简称旧路）交通情况进行调查与评价，以综合分析改扩建前的交通特征，最大限度地利用好旧路资源，是改扩建工程实施的重要内容。针对高速公路改扩建工程的特点，合理选择正确的交通数据采集手段，运用精准有效的分析方法，重点调查分析旧路交通流参数中行车速度、交通量以及交通组成等分布特征。

2.1 交通数据采集

2.1.1 采集内容

高速公路改扩建工程旧路交通条件及其变化趋势，对驾驶员的驾驶行为及其车辆的运行特性等都将产生深刻的影响，并会进一步影响改扩建指标选取过程。因此，有必要选择合理的调研手段和方法，对高速公路改扩建工程旧路的运行车速、交通量及交通组成等交通特性进行调查和分析，掌握交通流分布特征及其变化趋势，进而准确地分析旧路车辆的运行情况，为高速公路改扩建工程通行能力及技术指标研究提供依据。本书重点介绍交通量、车速、交通组成等方面的调研及特征分析。

（1）交通量

交通量通常指单位时间内通过道路某一断面的车辆数，表示为：

$$Q = \frac{N}{T} \quad (2-1)$$

式中　Q——交通量；

　　　N——观测时段内通过观测点的车辆数；对于不同车型，折算为当量交通量；

　　　T——观测时段长度。

交通量在一定程度上可以反映出道路交通状态的运行状况。但由于同一交通量下可能对应两种不同的交通状态，需与其他交通流表征参数结合使用。

（2）行车速度

① 时间平均速度 $\bar{u}_t$：在一段时间内通过某观测点的车辆速度的算术平均和。

$$\bar{u}_t = \frac{1}{N}\sum_{i=1}^{N} u_i \quad (2-2)$$

式中　N——车辆数；

　　　u_i——第 i 辆车通过观测点的速度。

② 空间平均速度 $\bar{u}_s$：在一段时间内多辆车辆通过长度为 D 的路段所用时间的

算术平均和。

$$\overline{u_s} = \frac{D}{\frac{1}{N}\sum_{i=1}^{N} t_i} = \frac{1}{\frac{1}{N}\sum_{i=1}^{N}\frac{1}{\tilde{u}_i}} \qquad (2-3)$$

式中　t_i——第 i 辆车通过该路段所需要的时间；

　　　$\tilde{u}_i$——第 i 辆车通过该路段的平均速度；$\tilde{u}_i = D/t_i$。

高速公路车流速度既可以直接反映出交通流运行状况，同时也是出行者对交通状态主观感受的直接体现。$\overline{u_t}$ 表达了交通流在特定观测地点处的运行状况，$\overline{u_s}$ 体现了交通流在路段空间上的运行状况。本文中选取时间平均速度作为交通流特征表征参数。

（3）密度

高速公路车流密度是指某一时刻，单位长度道路上存在的车辆数，表示为：

$$\rho_s \approx N/D \qquad (2-4)$$

式中　ρ_s——交通密度（veh/km）；

　　　N——车辆数（veh）；

　　　D——路段长度（km）。

由于不易直接获取交通密度参数，通常使用可以直接检测到的车道的时间占有率来代替。时间占有率指在一段时间内车辆通过观测点时间与观测时间的比值，即

$$\overline{R_t} = \frac{1}{T}\sum_{i=1}^{N} t_i \qquad (2-5)$$

式中　t_i——第 i 辆车的通过时间；

　　　T——观测时间。

时间占有率可以较好地体现交通状态，通过交通流量和车速的变化对时间占有率的变化的影响，分析交通状态。

2.1.2　采集设备

高速公路状态指标自动采集设备主要分为两类：固定型采集设备与移动型采集设备。固定型采集设备（如交通检测器），因其能够准确地采集分析道路交通状态所需的基本数据，而且具有较成熟的应用理论和较好的经济性，所以被广泛地用于高速公路的交通参数检测。移动型采集设备实施的技术难度大且投资成本和运营成本较高，在高速公路运营管理较少应用移动型交通信息采集设备。但移动型采集设备能较好地适应数据采集的灵活性，根据任务要求能灵活变换位置，对特殊位置开展针对性的测试，是固定型采集设备的良好补充。

2.1.2.1　固定型交通数据采集设备

根据不同的高速公路改扩建工程实际情况，应采用不同的交通观测设备采集

交通数据。交通数据采集的主要设备有 Autoscope 交通数据采集仪、摄像机、环形线圈检测器、超声波检测器、磁性检测器、红外线检测器、微波检测器、气压式检测器、压电式检测器和蓝牙交通检测器等等。固定式交通检测器根据安装的方式可分为嵌入式和非嵌入式两种。嵌入式检测器需要埋设在路面下,因此要临时阻断交通来进行安装和维护。环形线圈检测器是应用最广泛的嵌入式检测器。非嵌入式检测器是指安装在立柱、路侧路肩和道路中央分隔带的检测器,安装和维修不需要阻断交通。因此,非嵌入式检测器近几年在世界各地应用越来越广泛。一般而言,采用其中一种或几种交通数据检测采集仪器即可完成道路交通数据的采集工作。

(1) Autoscope 交通数据采集仪

Autoscope 交通数据采集仪是目前唯一的集彩色摄像和图像数据处理的车辆监测系统。Autoscope 交通数据采集仪可装在室外交通机柜里,可接收多台由路边摄像机传来的视频信号,利用电脑鼠标和相关的路面图像,Autoscope 交通数据采集仪用户可以通过显示器设置虚拟"车辆检测器"。每个虚拟车辆检测器代表一个区域,任何一个大区域或小区域都可以模拟一个感应线圈,这是 Autoscope 交通数据采集系统最基本的功能。在实际应用中,Autoscope 交通数据采集仪能处理大量的检测区域。系统一旦完成交通检测器的设置,每当车辆通过一个虚拟检测器时,就会产生一个检测信号,处理器则分析输入的视频图像而产生所需的交通数据,如流量、速度、占有率、车头距离、车辆排队长度以及车辆分类等。Autoscope 交通数据采集仪能对来自不同区域的信息进行综合逻辑分析,并能够灵活应用于道路交叉口的控制监测、高速公路管理监测、事故监测及其取证、道路交通调查数据的采集、临时养护施工作业交通安全的监控等方面,获得绝大部分的道路交通流特征参数数据。图 2-1 为 Autoscope 交通数据采集仪实物图。

图 2-1 Autoscope 交通数据采集仪实物图

(2) 视频检测器

这是目前我国进行道路交通数据采集最常用的设备之一。通过将摄像机设置于适当的位置,可以连续拍摄一定范围内连续的交通流运行状况的图像。道路交通流数据的获取需要进行内业处理,并需要相关的道路交通数据分析处理软件。

摄像法的基本原理为，在交通数据采集地点量取若干段距离，并做好标记。摄像机应设置在视野良好的高处，防止行道树以及其他设施的遮挡，并将摄像机对准拟测道路路段，以一定的送片速度录像。根据汽车通过测定区间的录像胶卷画面（帧数）和画面的时间间隔，即可求出车辆的地点车速和道路路段的交通量。

（3）环形线圈车辆检测器

环形线圈车辆检测器是目前使用最为广泛的道路交通检测装置。它利用埋设在道路车道下的环形线圈，对通过线圈或存在于线圈上的车辆引起的电磁感应的变化进行处理以达到交通检测的目的。车辆通过线圈产生电感量的微小变化引起相位的变化，而通过相位比较器即可获得一个相应的信号。它可用来检测交通流量、占有率以及速度。

（4）超声波车辆检测器

超声波车辆检测器是通过接收由发射波发生器发射的超声波束并经过车辆反射的超声回波来检测车辆的。它由车道上方的超声波探头向下发射一束超声波，车辆通过这些波束时，引起波束反射回发送部件，通过判断信号与反射回波信号在时间上的差异来检测车辆数、车辆类型及其车速。目前，我国交通管理部门常用的雷达测速枪就属于超声波车辆检测器。

（5）红外线车辆检测器

红外线车辆检测器一般采用反射式和阻断式车辆检测技术。反射式红外线车辆检测器使用反射接收器，用来反射光束和接收反射光束，通过记录道路路面和车顶反射率的变化对车辆进行检测。阻断式红外线车辆检测器由位于道路路段一侧的反射接收器和车道另一侧的强反射板组成。车辆通过时，反射波被切断而检测到车辆，以此采集车辆速度信息。

（6）微波车辆检测器

微波车辆检测器是按照多普勒效应原理工作的。该检测器向在道路上行驶的车辆发射10MC的微波束，波束被车辆阻挡而发生反射波，引起频率变化，经过接收、鉴别分析频率，输出一个车辆检测信号，以检测交通流量和速度。

（7）气压式检测器

气压式检测器是一根空的橡胶管，横向铺设在道路上。当有车辆通过时，车轮压在橡胶管上而改变了气压，因此能够检测车辆。路侧有一个检测设备与气压管相连，用以记录每个车轴通过时气压的改变。通过气压改变的大小和车轴计数就能够测到车辆数和速度。

（8）压电式检测器

压电式检测器被安置在路面切割开的一个凹槽里。检测器通过把机械能转化为电能获得数据。压电式检测器的材料由于机械变形引起表面的密度改变导致电极间的电压变化。信号的振幅和频率直接与变形程度成比例。当车辆轴的压力移动时，输出的电压反向对电极。改变电极的结果是改变输出电压。这种电压的改变可以被应用于检测和记录车辆数量和分类,以及移动中的车重和速度。

(9) 蓝牙交通检测器

蓝牙技术是一种应用于交通数据采集的新技术。其原理是汽车上的蓝牙设备和道路附近蓝牙设备之间建立无线连接。汽车上的蓝牙设备发射的信号可由其覆盖范围内的其他可以兼容的监测站接收,记录下访问控制(MAC)地址、检测时间和用于获取路段样本出行时间的信息。

2.1.2.2 移动型交通数据采集方法

移动型采集方法有航空遥感摄影观测法、地面(高处)摄影观测法、无人机观测法、录像机检测法、GPS检测法和移动雷达测试仪测速法等。

(1) 航空遥感摄影观测法

航空遥感摄影观测法提取交通流参数,是根据传感器所获得的遥感数据确定地面上的交通流,利用人机交互等多种途径,结合遥感影像数据处理与影像目视判读,完成遥感影像中对车辆的检测与交通流信息的提取。航空遥感摄影观测法在检测时,由于航天遥感轨道在 400 km 高度以上,不需要破坏地面的建筑设施,对地面交通没有产生影响。航空遥感的覆盖宽度一般为 5~20 km,可以方便迅速采集到一个非常大的区域的瞬时交通数据,几乎能够全区域检测,不受地形限制影响,即使在发生灾害、环境恶劣、偏远地区、人无法地面作业或不好假设固定采集设备时,遥感摄影也可以可靠获得交通流数据。但是这类设备目前仍存在数据质量问题、高轨道条件下图像数据分辨率低、精度难以满足交通控制要求等技术问题。

(2) 地面(高处)摄影观测法

地面(高处)摄影观测法是在地面上进行摄影,在室内对摄影相片进行处理解算和量测,准确地测定空间物体的分布、位置、形状和大小。地面摄影测量由于具有详尽、准确、机动灵活、精度高等优点,因此,在地形测量和非地形测量中有着广泛的应用。

(3) 无人机观测法

使用多轴飞行器携带微型高清摄像机,完成交通点的图像采集。同时搭载GPS、气压控制等模块实现无人机的定高、定点等多样化功能,并利用 GPRS 等技术将图像数据及模块参数传输至交通控制中心的 PC 机进行显示与处理,得出道路交通流统计信息。无人机观测法成本低、灵活性高,能克服以往的视频监控角度限制等问题。

(4) 录像机检测法

录像机检测法是将录像机升到工作位置(或合适的建筑物),以便能观测到所需的范围,利用录像机通过对一定时间的连续交通流进行拍摄,将摄制到的录像(影片或相片)重放映或显示出来,按照一定的时间间隔以人工来统计交通量。这种方法搜集交通量或其他资料数据的优点是现场人员较少,资料可长期反复应用，比较直观。但是费用比较高，整理资料花费人工多。录像机检测法如图2-2所示。

(5) GPS检测法

GPS是一种全球性、全天候、连续的卫星无线电定位系统，可提供实时的三维坐标的位置、速度等空间信息和高精度的时间信息。因其具有定位精度高，速度快，不受云雾、森林等环境遮挡的特点，已被广泛应用于军事测绘、精密测量、导航定位、交通管理、地球科学研究等各个领域，成为当今应用最为广泛的卫星定位系统。将GPS技术与交通管理系统相结合，可以得到交通状况信息，实现道路交通流数据的实时检测。但是，利用GPS实时监测实验车，无法直接得到路段的交通量，需要根据所测得的路段区间平均车速来反推路段交通流量。

图2-2 录像机检测法

(6) 移动雷达测试仪测速法

移动雷达测试仪测速法是现代交通观测与调查中经常使用的一种自动方法，其利用多普勒效应，即发射无线电波与反射波的频率差与车辆行驶的速度成正比，从而得到车辆的瞬时车速。其测速方法简单，只需用雷达测速仪瞄准前方被测的车辆即可读出车辆的瞬时车速。

2.1.3 交通调查数据样本的确定

由于高速公路改扩建工程施工区交通调查的数据种类繁多，且各类交通数据调查的样本量也不尽相同，在保证各类道路交通数据的精确度的原则下，尽可能地节约人力、物力和财力，分别确定各类交通数据的调查样本量（具体交通调查时可统筹安排），确保各类交通数据调查取样的样本量满足要求。

2.1.3.1 交通量调查样本容量的确定

依据道路交通量调查的目的不同，其观测样本的时间量可以从几分钟到一天24小时，甚至是一年365天。道路交通量调查样本量的基本抽样方法有简单随机抽样、分层抽样、等距抽样、整群抽样等几种。根据数理统计的误差分析可知，采用分层抽样，其抽样的误差最小。

分层抽样法也叫类型抽样法。它是从一个可以分成不同子总体（或称为层）的总体中，按规定的比例从不同层中随机抽取样品（个体）的方法。在选定抽样方法（使抽样误差控制最小）原则的情况下，考虑到一个容许的相对误差，计算出一个最小样本抽样率（或样本容量）。由数理统计参数估计原理，可以获得分层抽样的基本公式为：

$$n = \frac{t^2 \sigma^2 N}{\Delta^2 N + t^2 \sigma^2} \quad (2-6)$$

式中　　n——最小观测的样本量；

　　　　N——总体容量；

　　　　σ——计算观测样本量标准差，四车道 $\sigma = 6.8$ km/h，六车道 $\sigma = 5.2$ km/h；

　　　　Δ——容许误差，其值与置信度要求有关，采用相对误差 E 来控制较合适 ($E = \frac{\Delta}{X} < 10\% \sim 20\%$)

　　　　t——对于一定置信度的百分位限制（在交通量和车速的调查中，当样本量大于 120 时，与正态分布一致，置信水平为 90% 的 t 分布统计量 $t = 1.65$，当置信水平为 95% 时，$t = 1.96$）

通常情况下，道路高峰小时交通量必须进行全样调查。典型的样本量取值如下：对于计算年平均日交通量（AADT），取样时间为 24 h 或 48 h；对于车型分类（Vehicle Classification）交通调查，取样时间可为 16 h，用于了解包括早、晚高峰小时在内的一天大部分时间的交通量变化情况，一般在上午 6 点到晚上 10 点这一时间内进行。

2.1.3.2　地点车速观测样本容量的确定

研究地点车速时，常采用随机抽样的方法，即抽取有限的样本来推断车速总体特性的方法。如何保证样本的准确性取决于样本选择和样本容量两个方面。

（1）样本选择

在地点车速的观测中，要取得无偏的车速样本，必须随机选取测量车辆，每种车辆被选取作为样本的机会是均等的。作为代表性的车速样本必须符合以下几点：

①样本的选择必须避免某种偏向。高速车辆、低速车辆以及正常车速行驶的车辆均有同等概率被抽取样本。在我国高速公路上运行的车辆组成复杂，在相同的道路交通条件下，车速差别很大。为此，要使取得的样本能代表观测总体，必须与总体的车辆组成相一致。

②样本的各个单元必须完全相互独立，如道路路段上车辆列队行驶时，可以排头车作为独立行使的车辆。

③选取数据的地区之间应无根本的差别，构成样本的条件必须一致。

（2）样本容量

样本容量的大小决定于精度要求。根据误差理论，测定值与真实值之间永远是近似的，二者之差成为误差。误差按其成因分为系统误差和偶然误差，系统误差是由于测量系统的不合理、不完善所造成的,如测量地点车速中测量工具不准确或测速方法不合理等。这类误差均可通过改善测量工具或改进车速方法来消除。而偶然误差或称随机误差,是测量中不可避免的误差。这种误差时正时负,当测量次数足够多时,它服从正态分布,绝对值相等的正误差与负误差的概率接近相等,因此测量次数愈多,偶然误差的算术平均值愈小,精度愈高。

要确定样本量的大小,必须讨论两个问题,一是样本量与精度的关系,二是置信区间与精度的关系。

①样本量与精度。

地点车速的样本平均数与总体平均数之间总是有差异的,其差别的大小取决于样本平均数的标准差。在概率论中已经证明,母体为正态分布时,样本平均数均为正态分布,其期望值等于母体期望值,样本平均数的方差 $\sigma_{\bar{X}}^2$ 等于母体方差 σ^2 除以样本量。即:

$$\sigma_{\bar{X}} = \frac{\sigma}{\sqrt{n}} \qquad (2-7)$$

在不知道 σ 的情况下,可用标准差 S 来代替。从上式可知,样本量越大,$\sigma_{\bar{X}}$ 越小,亦即精确程度越高。例如,某地点车速标准差 $\sigma = 12$ km/h,计算不同样本量时的 $\sigma_{\bar{X}}$。结果见表 2-1。

表 2-1 $\sigma_{\bar{X}}$ 与样本量 n 的关系

样本量大小	$n=36$	$n=64$	$n=144$	$n=576$
$\sigma_{\bar{X}} = \frac{\sigma}{\sqrt{n}}$	2.0	1.5	1.0	0.5

从上例中可清楚地看出样本数从 36 增加到 576,即增长了 15 倍,而样本平均数的标准差 $\sigma_{\bar{X}}$ 只减少了 3/4,由此说明,对样本平均数的标准差应规定一定值,否则过大的样本量是不经济的。为了解决这个问题,提出了允许精度即样本平均数与总体平均数之差的绝对值 $|\bar{X} - \mu|$ 不超过某定值 E,E 称为允许偏差精度。根据统计推断中的参数区间估计:

$$\frac{\bar{X} - \mu}{\sigma_{\bar{X}}} < t$$

式中 t——决定于置信水平和自由度的 t 分布统计量;
$\bar{X}$——样本平均数;
μ——总体平均数。

若允许偏差 E 代入上式,则得到:

$$E = \sigma_{\bar{X}} t = \frac{\sigma}{\sqrt{n}} \cdot t$$

$$n = \left(\frac{t\sigma}{E}\right)^2 \qquad (2-8)$$

式中　　n——最小观测的样本量；

　　　　σ——计算观测样本量标准差，四车道 $\sigma=6.8$ km/h，六车道 $\sigma=5.2$ km/h；

　　　　t——满足期望的置信水平对应参数，见表2-2；

　　　　E——计算车速允许偏差，取决于平均车速的精度要求，一般为1.5~2 km/h。

表2-2　特定期望置信水平下对应的参数 t

期望置信水平	86.6%	95.0%	99.0%	99.7%
t	1.5	1.96	2.58	3.00

当车速允许误差 E 取 2 km/h 时，特定期望置信水平下对应的最小观测的样本量如表2-3所示：

表2-3　特定期望置信水平下对应的最小观测的样本量

置信水平	86.6%	95.0%	99.0%	99.7%
四车道样本量	26	44	77	104
六车道样本量	15	26	45	61

②置信水平与精度。

当样本平均数的标准差一定时，选定的置信水平将决定总体平均数的置信区间。如果置信水平高，则要求较多的预测值落在置信区间中，置信区间必然宽，也就是对预测精度要求高；反之，置信水平低，则预测值落在置信区间内的要求低，置信区间必然窄，也就是预测精度降低。在地点车速的调查中，一般采用95%或90%的置信水平，从 t 分布表可知，当样本量大于120时，与正态分布一致，置信水平为95%的 t 分布统计量 $t=1.96$，当置信水平为90%时，$t=1.64$。

美国交通工程调查手册（Manual of Traffic Engineering Studies）中指出，如果地点车速的标准差不能从以前的车速分析中定出，则可根据交通调查地区及道路类型选择，见表2-4。表2-4所列6组交通调查地区及道路类型平均标准差的范围为6.8~8.5 km/h，由于此范围变化不大，故建议取8.0 km/h作为任何交通调查区内任何道路类型地点车速的近似估计值。

表2-4　不同地区、不同车道数时的平均标准差值

交通调查地区	道路类型	平均标准差	
		哩/h	km/h
郊外	双车道	5.3	8.5
	四车道	4.2	6.8

续上表

交通调查地区	道路类型	平均标准差	
		哩/h	km/h
近郊	双车道	5.3	8.5
	四车道	5.3	8.5
市区	双车道	4.8	7.7
	四车道	4.9	7.9
取整数值		5.0	8.0

车速测定值的允许误差 E 决定于平均车速估计量所要求的精确度，其范围可从 ±5.0 哩/h（±8.0 km/h）～ ±1.0 哩/h（1.6 km/h）或更小。

我国城市道路上车辆行驶速度普遍偏低，根据若干地区实测结果，速度平均标准差较小，故建议允许误差 E 取低值。

以上讨论的都是关于符合平均车速有效估计量要求的最小样本量的确定。如果统计量不是平均车速，而是其他特征车速，如第85%位车速、第15%位车速，则此时最小样本量可由下式确定：

$$n = \frac{t^2 S^2 (2 + U^2)}{2E^2} \quad (2-9)$$

式中　t、S、E 的意义同前；

U——决定于要求统计类型的常数，对于平均车速取零；第15%位或第85%位车速，取1.04；第5%位或第95%位车速取1.64。

2.2 旧路交通量及交通组成分布特征分析

2.2.1 交通量及交通组成调研方法

道路交通量是指单位时间内通过道路某一断面或某一车道的车辆数或行人数，是描述道路交通流特性最重要的三个参数之一。交通组成是指各种车型在交通流中所占的比率。道路交通量和交通组成既重要而其调查方法又比较简单，因此道路交通量及交通组成的调查就成为交通工程学中的重要内容，并越来越受到人们的重视。通过对改扩建高速公路进行现状交通量及交通组成的调查并对调查资料进行整理分析，可以了解高速公路改扩建工程现状交通量的空间分布和时间分布特性、交通量的各种变化规律和影响因素，从而为高速公路改扩建中的道路设计、施工、交通管理和控制、工程的经济分析和效果对比、交通安全以及道路环境等各个方面的分析和研究提供可靠的依据。

（1）调查地点的选择

道路交通量及交通组成的调查地点的选择，根据调查资料的目的而有所不同，主要是考虑交通量集中而又有代表性、便于调查统计、具有控制性的地点，一般设置在不同道路交叉口影响的道路路段上、道路交叉口的引道处、道路交通设施的入口处（道路收费口或停车场的出入口处）等。道路交通量观测点主要有以下三种基本类型：

①连续式观测点。为了获得连续道路交通量调查资料，以掌握道路交通流的变化规律，需要设置连续式观测点，主要设置在城市快速路、高速公路等较高等级的道路上。连续观测结果代表的交通流变化规律覆盖面广，需要耗费大量的人力和物力。

②间歇式观测点。这种道路交通量的观测点主要是每隔一定时间进行一次交通量的调查，设置在道路路段、道路交叉口、桥隧等处。

③临时性观测点。主要设置在无固定观测点或需要补充某些交通量数据时，临时进行道路交通量观测。

（2）调查时间

①调查日期、时间、范围应随目的不同而异。作为了解交通量全年变化趋势的一般性调查，必须选在一年中有代表性的道路交通量的时期进行。从一周来说，最好是周二到周五，避开周末。从日期来说，以商业活动比较活跃的日子、非节假日、休息日、无大型文体活动的晴天为宜。

②调查时间区间。除连续观测外，常采用：

a. 24 h 观测。用于了解一天中交通量的变化。

b. 16 h 观测。用于了解包括早、晚高峰小时在内的一天大部分时间的交通量变化情况，一般在上午 6 点到晚上 10 点这一区间内进行。

c. 日间 12 h 观测。用于了解白天大部分时间的交通量变化状况，一般在早上 7 点到晚上 7 点区间内进行。

d. 高峰小时观测。用于了解早晚高峰小时交通量变化状况。一般在上下午高峰时间范围内做 1～3 h 的连续观测。要注意高峰小时在不同的地点出现的时间有差别。

③将上述时间范围内的调查结果，换算为每小时的道路交通量。记录时至少每隔 15 min 做一次记录，最好每 5 min 记录一次。

（3）观测用记录表格的设计

应根据最终数据的使用目的，结合道路交通量调查的规划工作以及利用电子计算机整理资料的可能等一并考虑。在做道路交通调查方案时，必须一起考虑的事项有：

①交通量调查地点的选择和配置；

②交通量调查日期、范围与测定时间的划分；

③道路交通量测定的分项内容（车种、流向、转弯、车道等）；

④交通量调查测定方法、人员设备选用等。
(4) 调查方法
①人工计数法。

这是我国目前应用最广泛的一种道路交通量和交通组成调查方法,只要有一个或几个调查人员,即可在指定的道路路段或道路交叉口进口道一侧进行调查。该方法组织工作简单,调配人员和变动地点灵活,使用的工具除必备的计时器之外,一般只需手动(机械或电子)计数器、记录板、纸和笔。人工计数法可以调查得到分车型的道路交通量数据、某一车道或某一方向上的交通量等交通量数据。

人工计数法适用于任何地点、任何气候、任何情况的交通量调查,机动灵活,易于掌握,精度较高(调查人员应经过培训,并具有良好的责任心),资料整理也很方便。但是这种方法需要大量的人力,劳动强度大,冬夏季室外工作辛苦。对调查工作人员要事先进行业务培训,加强职业道德和组织纪律的教育,在现场要进行预演交通调查和巡回指导、检查。另外,由于人工费用的累计数目很大,若做长期连续的道路交通量调查,则需要较多费用。因此,这种方法一般只适用于做短期的道路交通量调查。

②浮动车法。

此法由英国道路与交通研究所的 Wardrop 和 Charlesworth 于 1954 年提出,可同时获得道路某一路段的交通量、行驶时间和行驶车速,是一种较好的交通综合调查方法。

该调查方法需要一辆测试车,以小型面包车或工具车为最好,吉普车或小汽车也可以,尽量不要使用警车等有特殊标志的车,以工作方便、不引人注意、座位足够容纳调查人员的车辆为宜。

调查人员(除驾驶员以外)需要一人记录与测试车对向开来的车辆数;一人记录与测试车同向行驶的车辆中被测试车超越的车辆数和超越测试车的车辆数;另一人报告和记录时间及停驶时间。行程距离应已知,或由里程碑、车辆行驶里程表、地图读取,或从相关单位获取,如不得已,则应亲自实地丈量。调查过程中,测试车一般需沿调查路线往返行驶 12~16 次(6~8 个测回。根据道路交通量调查所观测的数据,可分别按下列公式计算。

a. 测定方向上的交通量 q_c:

$$q_c = \frac{X_a + Y_c}{t_a + t_c}(\text{veh/min}) \tag{2-10}$$

式中 q_c——测定方向上的道路交通量,veh/min;

X_a——测试车逆测定方向行驶时,朝测试车对向行驶(顺测定方向)的来车数,veh;

Y_c——测试车在待测定方向上行驶时,超越测试车的车辆数减去被测试车超越的车数（相对测试车顺测定方向上的交通量），veh；

t_a——测试车与待测定车流方向反向行驶时的行驶时间，min；

t_c——测试车顺待测定车流方向行驶时的行驶时间，min。

b. 平均行程时间$\overline{t_c}$：

$$\overline{t_c} = t_c - \frac{Y_c}{q_c}(\min) \qquad (2-11)$$

式中　$\overline{t_c}$——测定道路路段的平均行程时间，min。

c. 平均车速$\overline{v_c}$：

$$\overline{v_c} = \frac{l}{\overline{t_c}} \times 60(\text{km/h}) \qquad (2-12)$$

式中　$\overline{v_c}$——测定道路路段的平均车速，km/h；

l——观测道路路段长度，km。

③机械计数法。

目前，国外一些比较发达的国家广泛采用各种自动机械计数装置进行道路交通量调查。根据交通量调查的要求，可以选择所需的观测装置，进行连续性交通调查，可以得到一天（24h）交通量、一月累计交通量、一年累计交通量等各种数据。这种装置可节省大量人力，使用方便，可以同时进行范围广泛的道路交通量调查，精度比较高，特别适用于长期连续性的道路交通量调查。因此，对于我国目前的道路交通情况适用性较差，购买和使用时要综合考虑其优缺点，发挥其长处。

自动机械计数装置一般由车辆检测器（传感器）和计数器两部分组成。自动机械装置可分为便携式机械计数装置和永久性计数装置两种。前者应用于临时、短期的交通量调查，后者适用于固定或长期的交通量调查。像录像机这样较高级的机械装置，可用于记录一小时或一小时以内的交通量资料。如果在某特定道路地点，搜集资料的时间从一天到一个星期，则大多数情况下采用自动计数装置。

2.2.2　旧路交通量分布特征分析——以惠深高速改扩建先行段工程为例

惠深高速改扩建工程先行段工程可论证的分析年份为2005—2009年，以此为例，按年份、月份和区段分布，分析交通量特征。

（1）交通量按年份和区段分布

惠深高速公路2005—2009年5年间交通量按区段统计如表2-5所示（其中，"上行"表示深圳至惠州方向，"下行"表示惠州至深圳方向），其对应交通量和按区段分布如图2-3～图2-6所示。

表2-5 交通流量按区段统计表（pcu/d）

年份/区段		白云前→连接平南	连接平南→伯公坳	伯公坳→新圩	新圩→坑塘惠州	平均值
2005	下行	4694	8745	10 475	9026	8235
	上行	5013	8772	10 709	9883	8594
	双向	9708	17 517	21 184	18 908	16 829
2006	下行	5598	11 510	13 230	11 021	10 340
	上行	5835	11 360	13 294	11 803	10 573
	双向	11 433	22 870	26 522	22 824	20 912
2007	下行	6877	14 729	16 410	13 594	12 902
	上行	7000	14 379	16 449	14 315	13 036
	双向	13 877	29 108	32 859	27 909	25 938
2008	下行	6874	15 249	16 510	14 317	13 237
	上行	7079	15 254	17 157	15 415	13 726
	双向	13 953	30 503	33 667	29 733	26 964
2009	下行	7884	17 051	18 148	15 657	14 685
	上行	7979	16 948	18 520	19 270	15 679
	双向	15 863	33 998	36 668	34 926	30 364

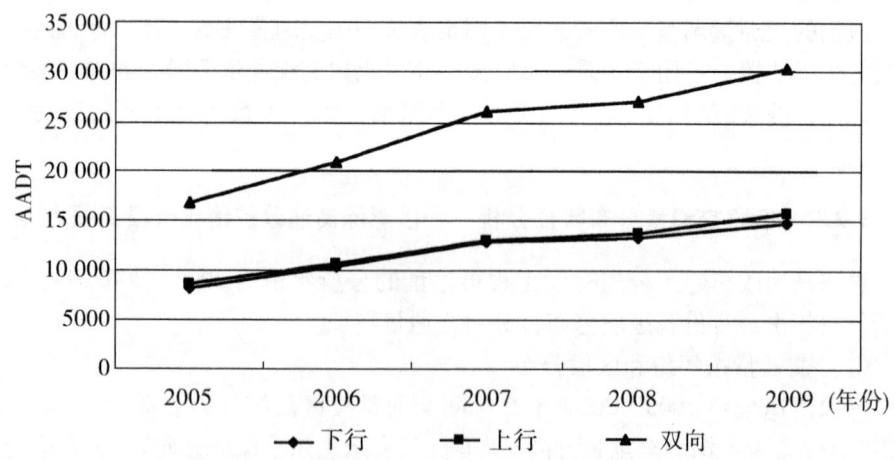

图2-3 惠深高速公路2005—2009年交通量按年份分布图

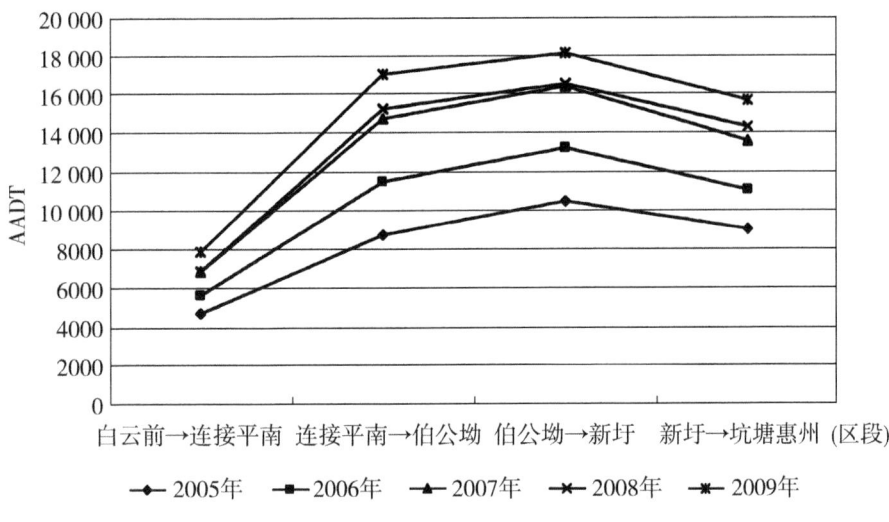

图 2-4　惠深高速公路 2005—2009 年交通量按区段下行方向分布图

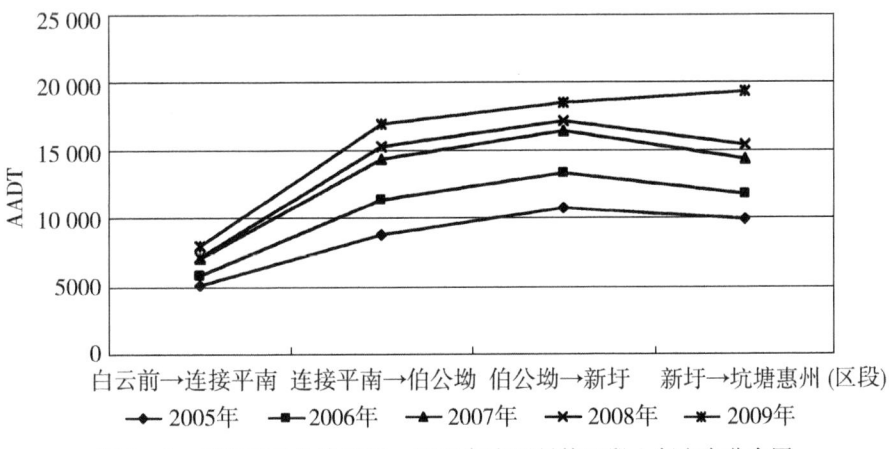

图 2-5　惠深高速公路 2005—2009 年交通量按区段上行方向分布图

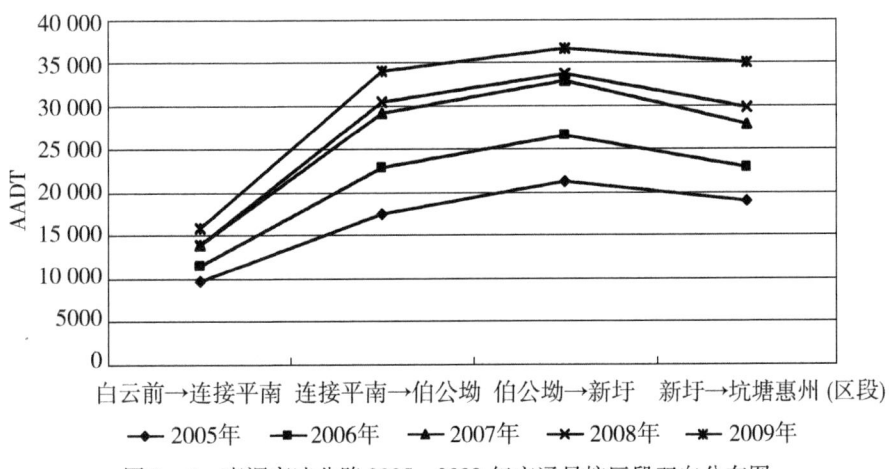

图 2-6　惠深高速公路 2005—2009 年交通量按区段双向分布图

由图 2-3 可知，2005—2009 年交通量逐年增长，2009 年的交通量接近 2005 年的 2 倍，交通量的逐年上升增加了道路的使用频率，加大了道路安全管理的工作量和难度，由此带来一系列的交通安全问题。从方向分布分析，上下行交通量基本接近，上行交通量略大于下行交通量。图 2-4～图 2-6 表明，惠深高速交通量区段分布呈现一定的不均衡性，伯公坳→新圩、新圩→坑塘惠州两段交通量较大，且近五年来连接平南→伯公坳、伯公坳→新圩、新圩→坑塘惠州这几段交通量增长明显。本次改扩建的先行段（K10+900～K13+900）位于伯公坳附近，年平均日交通量在 36 668 pcu/d 左右，根据近几年的交通流量增长情况，极易出现交通拥堵现象，难以满足交通量的进一步增长的需要，需实施改扩建，以适应交通量持续增长的需要。

（2）交通量按月份分布

惠深高速的交通量按月份分布如图 2-7 所示。

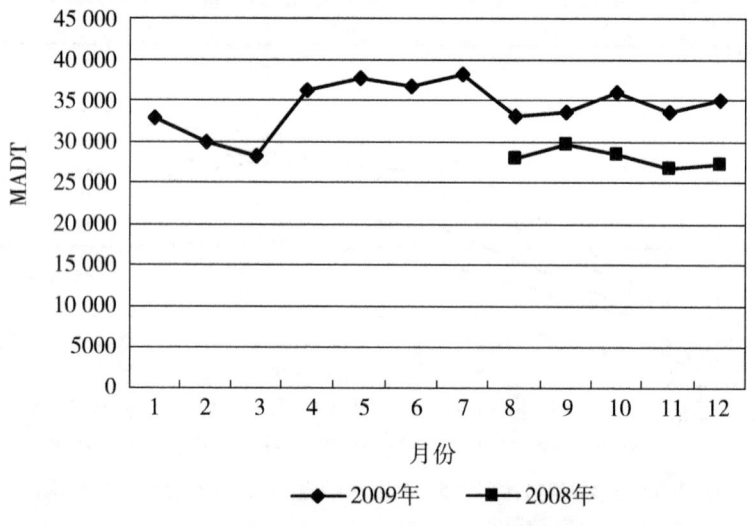

图 2-7 惠深高速交通流量按月份变化图

综合图 2-7 所示，惠深高速从 1 月到 3 月份交通量逐渐降低，5 月到 7 月份达到最高峰，8 月至 12 月份呈波动变化，变化幅度不大。惠深高速交通流量按月分布总体而言呈现一定的季节性，但因为广东处于亚热带，大部分地区属于亚热带季风气候，夏长冬暖，故该路段交通流量季节性差异表现的不明显。

2.2.3 旧路交通组成分布特征分析——以惠深高速改扩建先行段工程为例

以惠深高速为例，依据收费站车型分类，将不同车型交通量比例汇总，如表 2-6 所示。

表 2-6 2005—2009 年交通组成中车型构成情况

车类	2005 年 AADT	比例（%）	2006 年 AADT	比例（%）	2007 年 AADT	比例（%）	2008 年 AADT	比例（%）	2009 年 AADT	比例（%）
一类	12 096	69.12	15 632	69.88	19 226	69.23	20 509	70.02	24 824	71.98
二类	1257	7.18	1252	5.60	1403	5.05	1207	4.12	1164	3.38
三类	3248	18.56	4001	17.89	4525	16.29	4950	16.90	5811	16.85
四类	321	1.84	479	2.14	597	2.15	543	1.85	605	1.76
五类	579	3.31	1006	4.50	2019	7.27	2081	7.11	2081	6.04

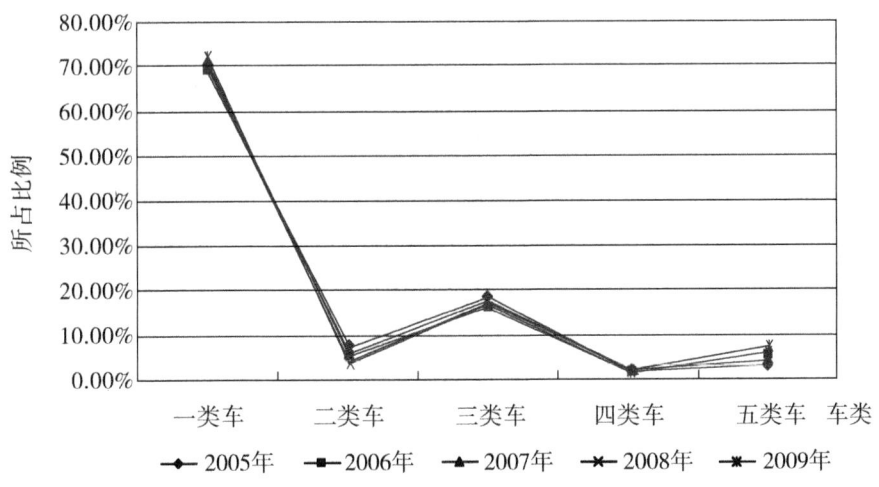

图 2-8 惠深高速先行段 2005—2009 年交通量车型组成图

由图 2-8，惠深高速先行段交通组成中一类车所占比例最大，占 70% 左右，其次是三类车，且近五年交通组成变化不明显。对表 2-6 中各年的交通组成数据表明一类车的绝对数量和所占比例均逐年增加，二类车的绝对数量和所占比例均逐年减少，五类车的绝对数量和所占比例均明显增加，第一类车比例的增加有利于道路安全水平的提高，但第五类车的明显增加将会进一步降低路面使用性能，对该高速公路带来一系列的安全问题。

2.3 旧路运行车速分布特征分析

2.3.1 运行速度调查方法

车速是单位时间内车辆所行驶的距离，决定车速的两个变量是距离和时间。

在实际车速调查中，通常事先对距离进行测定，使其成为一个常量，然后观测车辆通过该段距离所需的时间，用以计算通过该道路路段的车速。

车速量测的方法可分为人工量测法和自动量测法。人工量测法是先选择测速的道路地点，且取一定距离，然后采用秒表测定车辆行驶于该距离内所需的时间，从而计算得到车速。自动量测法往往是同时测得距离和时间，通过仪器内部计算，得到该道路路段的车速。自动量测法使用的仪器有五轮仪、光感测速仪、雷达测速仪、气压管测速以及各种检测器。本项目在实施过程中所采用的车速调查方法如下。

2.3.1.1 人工量测法

这种方法的调查原理为：$v = \dfrac{\Delta s}{\Delta t}$，当 Δs 很小时，v 就趋近于地点车速。这种观测方法的优点是节省观测人员，同时也节省数据处理的时间，是一种较好的人工车速观测方法。

观测调查时，需要选定两个断面，由两个人参与观测，调查仪器设备有秒表就行。道路上下游断面之间的距离不宜过长，也不宜过短（20～40 m）。若距离过长，那么调查得到的车速就可能不是地点车速；若距离过短，那么观测员读表就可能反应不过来。一般使车辆通过路段的时间为 2 s 左右为宜，即道路路段的长度一般取 20～25 m。车速人工观测调查的方法如图 2-9 所示。

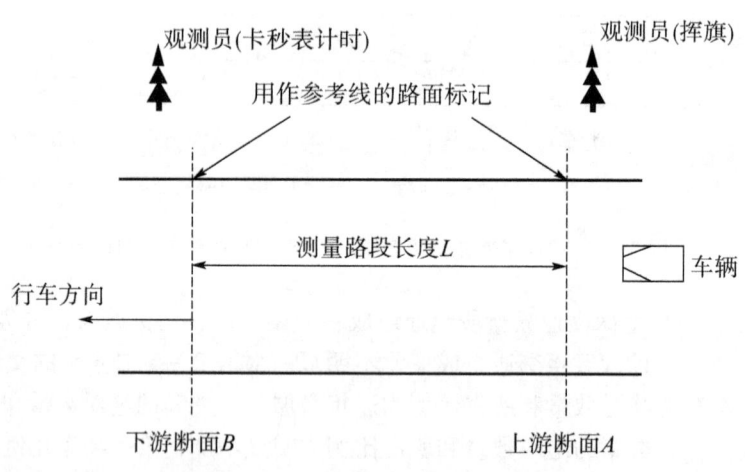

图 2-9 人工车速调查方法示意图

在上游断面 A 处有一个观察员，当他选定某一辆车后（即做了抽样），用手或挥旗示意一下，在下游断面 B 处有一个计时的观测员同时按下秒表；当该车到达下游断面 B 时，B 处观测员再次按下秒表。这样就可以得到这一辆车通过 L 长路段的时间 t，那么该车辆的地点速度计算为：$v = L/t$（km/h）。

2.3.1.2 自动量测法

(1) 雷达测速仪法

雷达测速仪法是现代交通观测与调查中经常使用的一种自动方法。雷达测速仪测速法的使用很简单，仅需要用雷达测速仪瞄准前方被测的车辆即可以读出车辆的瞬时车速，如图2–10所示。

图2–10 手持式雷达测速仪

基本原理：多普勒效应。利用发射无线电波与反射波的频率差与车辆行驶的速度成正比，从而得到车辆的瞬时速度。若雷达所发射的无线电波频率为f，发射无线电波碰到车辆后反射回来的频率为F，车辆运行的速度为v，无线电波传播速度为c，雷达发射的无线电波方向与车辆运行方向之间的夹角为α，则：

$$F = f\left(1 \pm \frac{2v\cos\alpha}{c}\right) \quad (2-13)$$

式中 "+"——表示车辆向接近雷达波方向运行；

"-"——表示车辆向远离雷达波方向运行。

多普勒频率为发射无线电波束频率f与反射回来的无线电波频率f'之差，$\Delta f = f' - f$，即$\Delta f = 2vf\cos\alpha/c$。用雷达测速仪测量这个频差，从仪表上直接读出车速。

从$\Delta f = 2vf\cos\alpha/c$可以看出：多普勒频率数$\Delta f$与$\cos\alpha$成正比，当$\alpha = 0$时，$\Delta f = 2vf/c$，此时测速误差最小。因此，测速时应尽可能使用雷达测速仪发射出无线点波束的方向接近车辆运行方向。此外，雷达测速仪的效应有一定范围，同向车辆密度过高或对向车辆同时通过道路车速观测断面时，均会产生干扰，使雷达测速仪上的车速数字产生不稳定情况；当道路上车辆行驶速度很低时，测速精度也较低。由于这些原因，雷达测速仪最宜用于交通管理部门监测车辆超速行驶。若用于科学研究方面，尚感精度不足。

（2）车辆检测器测速法

道路车辆检测器测速法使用感应线圈车辆检测器，采用同一车道连续埋设的两个感应线圈车辆检测器进行车速检测。由于前后两个线圈之间的间距 L 已知，只要测得车辆通过这两个线圈之间间距的时间 t，即可计算出通过这对线圈检测器的车辆速度。此外，也可以使用气压式车辆检测器。该方法一般在两个调查断面上安装两根充气橡皮管。当车辆通过第一根橡皮管时，气压发生变化，触动计时装置开始计时。当车辆通过第二根橡皮管时，计时装置停止。时间可由自动的数据记录器记下，距离 L 是已知的，由此也可以测得通过车辆的速度值。

（3）录像法

录像法适用于在非常拥挤的城市道路上，该方法借助摄影机拍摄照片，并从照片上精确地分析时间与距离之间的关系，从而得到地点车速值。这种车速观测调查方法很简单，精度也比较高，并且资料可以长期反复地使用，但花钱多且数据处理的工作量大。

2.3.2　旧路速度分布特征分析——以惠深高速和开阳高速改扩建工程为例

2.3.2.1　调研方案

（1）调研路段

针对旧路运行车速分布特征，本项目对惠深高速改扩建工程部分路段采用手持式雷达测速仪进行了车速和车辆组成的调研分析，对开阳高速改扩建旧路部分路段采用微波检测器进行交通流速度、流量、占有率和大车比例的调研。

惠深高速公路又称惠盐高速公路，该项目北起惠州市古塘坳，经镇隆、新圩、龙岗，南止于深圳市盐田港。惠深高速公路工程于1991年3月正式开工建设，于1993年4月全线建成并投入使用。惠深高速公路主线按部颁《公路工程技术标准》（JTJ1—81）一级汽车专用公路平原微区标准建设，主线采用双向四车道，设计行车速度100 km/h，路基宽23 m，全线为全立交、全封闭收费公路。相对应于现行 $v=100$ km/h 的四车道高速公路标准（表2–7）。

表2–7　惠深高速公路惠州段设计技术标准

序号	指标名称	单位	原四车道	备注
1	公路等级		一级汽专	
2	设计速度	km/h	100	
3	平面线形			

续上表

序号	指标名称	单位	原四车道	备注
	最小曲线半径	m	700	
	不设超高的最小圆曲线半径	m	4000	
	直线最大长度	m	1744.96	
4	纵面线形			
	凹形竖曲线最小半径	m	12 000	
	凸形竖曲线最小半径	m	12 000	
	最大纵坡	%/处	4/1	
	最短坡长	m	300	
5	路基路面			
	路基宽度	m	23	
	路面结构		水泥砼	
6	互通式立交	处	3	
7	分离式立交	处	6	
8	桥梁涵洞			
	设计荷载		汽-超20、挂车-120	
	桥梁宽度	m	11.5	

开阳高速按平原微丘区高速公路技术标准进行设计，全线采用四车道高速公路标准，路基宽度28 m；设计洪水频率，特大桥为1/300，路基，大、中、小桥涵为1/100，所测量开平至阳江路段主要技术指标如表2-8所示。

表2-8 开阳高速公路开平段设计技术标准

序号	指标名称	单位	原四车道	备注
1	公路等级		高速公路	
2	设计速度	km/h	120	
3	平面线形			
	最小曲线半径	m	6000/2	
	直线最大长度	m	3113.59	
4	纵面线形			
	凹形	m/个	20 000/1	

续上表

序号	指标名称	单位	原四车道	备注
	凸形	m/个	30 000/1	
	最大纵坡	%/处	2.40/1	
	最短坡长	m	500	
5	路基路面			
	路基宽度	m	28	
	路面结构		沥青混凝土	
6	互通式立交	处	—	
7	分离式立交	处	—	
8	桥梁涵洞			
	设计荷载		汽车-超20级 挂车-120	
	桥梁宽度	m	28	

(2) 测速地点

①惠深高速公路平南互通立交。

平南互通为定向匝道立交，中心桩号为K7+550，匝道桥斜跨主线，并分别在惠深高速中央分隔带和两侧边坡上设置独柱墩，上构为现浇箱梁结构，测速点如图2-11平南互通立交图中★所示。

图2-11 平南互通立交图

②惠深高速公路伯公坳互通立交。

伯公坳互通为菱形互通，中心桩号为K11+600，采用主线下穿方式，匝道路基宽度为6.5 m，被交叉公路为G205，路基宽8.5 m，主线路基宽23 m，匝道设计速度为 30 km/h，在匝道上设置收费站，测速点如图 2-12 中★所示。

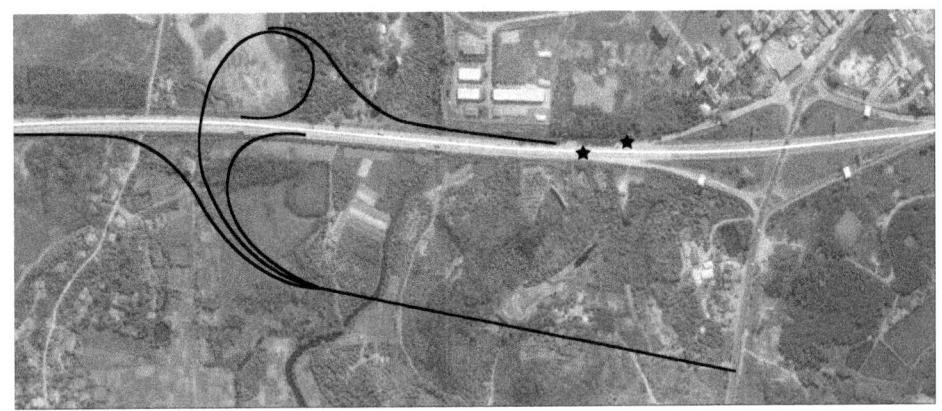

图 2-12　伯公坳互通立交图

③惠深高速公路白云前收费站。

白云前收费站为改扩建起点，目前有 12 个收费车道，6 进 6 出，测速点如图 2-13 中★所示。

图 2-13　白云前收费站图

④开阳高速公路白沙互通立交。

开阳高速公路车速地点：（广州方向）编号 1050705（白沙车检器，国家高速桩号：K3280+000.000）微波检测器。

白沙互通立交将广湛高速公路与阳春市至阳江市的站岛一级公路沟通，是江城区西部、海陵岛、阳春市等上下高速公路的出入口。采用双喇叭型互通立交，出入湛江方向的匝道为单向双车道，出入广州方向的匝道为单向单车道。该互通立交高速公路主线在平面上位于直线段上，被交道路为一级公路在平面上位于 $R=4000$ m 的圆曲线上，匝道最小圆曲线半径为 60 m，弯道内侧路面加宽 0.25 m，收费站位于 $R=220$ m 的圆曲线上。

图 2-14　白沙互通立交图

(3) 测速车型

在惠深高速公路用雷达测速仪分小客车、大客车、小货车、中货车和大货车五种车型进行调研。在开阳高速公路运用微波检测器分大车、中车、小车三种车型进行调研。

(4) 样本大小的选择

根据 2.1.3 节中所介绍交通调查数据样本确定方法，取车速允许误差为 2 km/h，期望置信水平 95%，根据公式计算得到最小的观测样本量为 44 辆。在交通量较低时，观测员有可能测得其中 90% 或更多车辆的车速。而交通量较大时，难以测定绝大部分车的速度，因而需进行选择，即进行抽样。为了不受主观影响，观测人员应从车流中进行随机抽样，抽样过程中应避免如下所述的一些常见错误做法：

① 总是选择车队中的第一辆汽车。

由于跟随的车辆速度至少同带头的车辆一样，甚至可能快些，但为车头所压，后车只好跟进，总是测车头就会使所得车速偏低，故此选单辆车或车队中不同位置上的车辆。

② 选择某一种车的比例过大。

某一种车种的速度，不能代表样本的其余车辆，应调查实际存在于车流中的各种车种的比例，并按此比例选择样本进行测定，以反映实际状况。

③ 选取高速车辆比例大。

未经训练或初次参与此项工作的观测者,常常会无视正常速度的车辆,而去寻找个别高速行驶的车辆,或测定所有较高速度的车辆,这样就会使观测结果高于实际车速,从而使观测资料失真。

2.3.2.2 断面运行车速分布特征分析

(1) 常见断面运行车速分布函数

高速公路断面运行车速同时存在着大量的不确定性与随机性,其原因之一是由于道路条件的连续性使得车速的变化是一个连续的过程,可通过研究车速随线形的连续变化找到其规律性,从而进行预测;其二是单个车辆通过断面时的速度由于受道路周围环境的影响,且因驾驶员自身差异的不同,从而表现出很大的随机性。

国外的相关研究表明:在乡村公路和高速公路上,运行车速一般呈正态分布;在城市道路或高速公路匝道入口处,车速比较集中,一般呈偏态分布。然而,由于我国的道路环境、车辆结构及组成与国外相差很大,公路断面车速的分布特性还需进一步研究。以往相关的研究总是基于运行车速是正态分布的假设,从而计算得到 v_{85},以此来表征实际的运行车速。实际上运行车速分布形式不同,v_{80}、v_{85}、v_{90} 等值以及速度分布的特征值(均值、方差等)的大小也会不同。而且一种断面运行车速分布可以用不同的分布形式描述,即使在不同的分布形式下若得到的 v_{85} 恰巧相同,实际上所描述的运行车速特征也是不同的。因此如何正确合理确定运行速度分布,是确定运行车速特征值,进而进行基于运行车速预测的基础。通过对运行车速总体分布的研究,初步确定对运行车速进行正态分布、威布尔分布、伽玛分布以及 Logistic 分布等分布形式的研究。

① 正态分布。

正态分布又被称为高斯分布,是 1809 年德国著名数学家在研究天文学的观测误差时推导出来的。若随机变量 x 的概率密度函数为:

$$f(x) = \frac{1}{\sqrt{2\pi}\sigma} e^{-\frac{(x-\mu)^2}{2\sigma^2}} \qquad (2-14)$$

其中,μ 为平均数,σ^2 为方差,则称随机变量 x 服从正态分布(Normal Distribution),记为 $x \sim N(\mu, \sigma^2)$。不同的 μ 和不同的 σ,对应于不同的正态分布,用图形表示,正态分布概率密度曲线如图 2-15 所示。如果以标准差 σ 为横坐标绘图,得到误差分布的概率密度曲线,如图 2-16 所示。

正态分布概率密度曲线具有下列特性:

a. 曲线关于 $x = \mu$ 对称。

b. 它是单峰曲线,在 $x = \mu$ 处有极大值,$\varphi(x) = 1/\sigma\sqrt{2\pi}$ 随 σ 增大,曲线变得平缓,当 $\sigma = 1$ 时,$\varphi(x) \approx 0.4$;当 $\sigma = 2$,$\varphi(x) \approx 0.2$。

c. 在 $x = \mu \pm \sigma$ 处有两个拐点。

d. 当 $x \to \infty$ 时,曲线以 x 轴为渐近线。

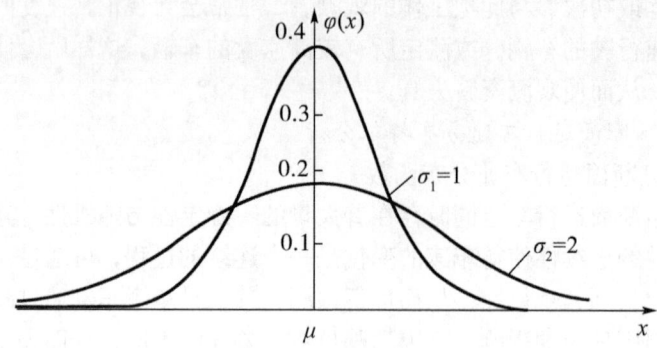

图 2-15 正态分布的概率密度曲线

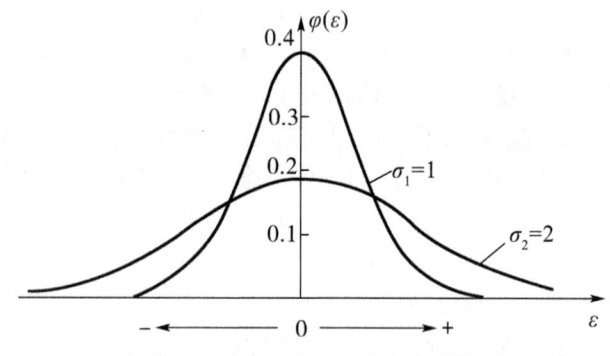

图 2-16 误差分布的概率密度曲线

e. 曲线与 x 轴所围面积为 1，代表各种样本值出现概率的总和。

f. μ 决定分布曲线的中心位置，称为位置参数；σ 决定分布曲线的形状，称为形状参数。μ 的变化只导致分布曲线平移，而不改变分布曲线形状；σ 的变化只导致分布曲线形状的改变，而不改变分布曲线的中心位置。

正态分布的主要优点是计算方便，适用性强，可以通过 μ 和 σ 的改变来调整曲线的位置和形状，而且均值和方差的计算也很方便；而此种分布的缺点就是由于曲线本身的对称性，对于具有数据分布有较大不对称性的，例如数据单边集中或有双峰的数据，没有那么强的适应性。

②威布尔分布。

威布尔分布是瑞典科学家威布尔（Weibull）于 1937 年提出，是为失效分析而开发的，用于研究元件寿命与疲劳程度，许多研究领域已经逐渐引进 Weibull 分布作为探讨各种变量的分布的有力工具。1976 年贾斯特斯（Justus）及艾森万格（Essenwanger）用 Weibull 分布拟合风速取得好的效果，特别对于描述最大风速很有用，1981 年石原健二提出用复合型 Weibull 分布来拟合最大风速。随后，该分布逐渐在机械、电子、航空、航天等工程领域得到广泛应用。

其概率密度函数为：

$$f(t) = \lambda\beta\ (\lambda t)^{\beta-1}\mathrm{e}^{-(\lambda t)^{\beta}}\quad t>0 \tag{2-15}$$

由式（2-15）可看出，威布尔分布包含两个参数：λ 和 β。λ 称为刻度参数，决定该分布的分散度；β 称为形状参数，决定该分布的形态。当 Weibull 分布的形状参数 $\beta=1$ 时，Weibull 分布变为指数分布；当 $\beta=2$ 时，Weibull 分布变为 Rayleigh 分布；当 $\beta=3\sim 4$ 时，Weibull 分布近似于正态分布。正是由于 Weibull 分布涵盖面广的特性，Weibull 分布在工程应用上具有独到的优越性，其在工程应用领域里的研究已备受关注。威布尔密度函数的形状依赖于 β 值，当 λ 值相等时，不同的 β、γ 值的曲线形态是不同的。λ 值对曲线形状的影响，只是改变横轴的刻度，不会改变曲线的基本形状。当 β 相等时，λ 值大的曲线分布较离散，λ 值小的曲线分布较集中。

与正态分布不同，威布尔分布具有不对称性，这种不对称性使得威布尔曲线能够更好地用来描述具有单边拖尾现象的数据。通过研究本次测到的车速数据的频率分布，发现有一部分车速数据呈现单边现象，这也是选择此种分布的原因。

③伽玛分布。

伽玛分布和威布尔分布一样，其基本形式为一种双参数分布。如果说威布尔分布是指数分布的一种扩展形式的话，则伽玛分布是指数分布的另一种扩展形式。伽玛分布的概率密度函数为：

$$f(t) = \frac{\lambda^{\gamma} t^{\gamma-1}\mathrm{e}^{-\lambda t}}{\Gamma(\gamma)}\quad t>0 \tag{2-16}$$

式中的 t 表示自变量，λ 为刻度参数，γ 为形状参数。$\Gamma(\gamma)$ 为伽玛函数，其表达式为：

$$\Gamma(\gamma) = \int_0^{\infty} t^{\gamma-1}\mathrm{e}^{-t}\mathrm{d}t \tag{2-17}$$

当 γ 为整数值时，计算可以表示为 $\Gamma(\gamma)=(\gamma-1)!$，$\Gamma(\gamma)=(\gamma-1)!$ 由于在配合伽玛分布时的估计值 γ 通常不为整数，因此计算比较麻烦。伽玛分布的分布函数如下：

$$F(t) = \int_0^t \frac{1}{\Gamma(\gamma)}\lambda^{\gamma}T^{\gamma-1}\mathrm{e}^{-\lambda t}\mathrm{d}T \tag{2-18}$$

不同于指数分布和威布尔分布的直接表达形式，伽玛分布函数用积分形式表达，故只能用数值解法来计算这些函数值。因此，虽然伽玛分布对资料具有很好的适应性，但由于计算复杂而限制了它的应用，故伽玛分布的应用远不如威布尔分布广泛。

与威布尔分布一样，伽玛分布也具有不对称性，适合于描述单边分布的数据，但伽玛分布的计算较为繁琐，因此，伽玛分布在车速分布描述中的应用还有待进一步探讨（图 2-17）。

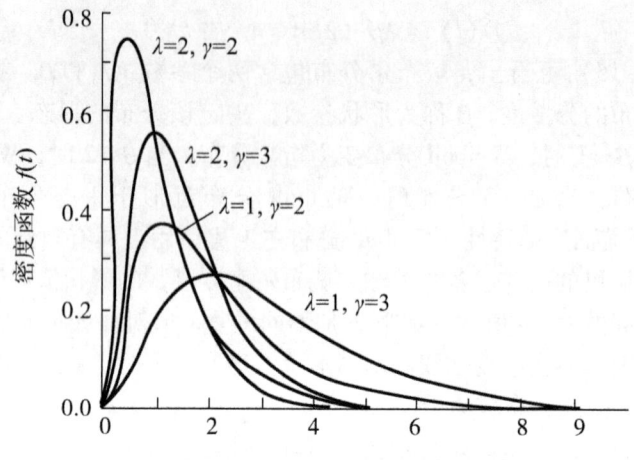

图2-17 伽玛分布的概率密度曲线

④Logistic分布。

Logistic函数由比利时数学家P. F. Veerhulist于1844年创用,最早来自于生长曲线的需要,后来用于经济和人口统计学中,从19世纪末以来已逐渐普及,近代又用于回归和判别之中。用分布函数来定义Logistic分布是最方便和最便于记忆的。若随机变量X的分布函数为:

$$F(x) = \frac{1}{1 + \exp\{-(x-\alpha)/\beta\}} \quad -\infty < \alpha < \infty, \beta > 0, -\infty < x < \infty \quad (2-19)$$

则称x服从参数为α(位置参数)和β(尺度参数)的Logistic分布,该分布函数叫作Logistic函数,如图2-18所示,对应的曲线称为Logistic曲线。其密度函数为:

$$f(x) = \frac{\exp\{-(x-\alpha)/\beta\}}{\beta[1 + \exp\{-(x-\alpha)/\beta\}]^2} \quad (2-20)$$

由图2-18可知,$f(x) E(\zeta) = \mu = 0 f(x)$关于$\mu = 0$对称;分布函数$F(x)$在$\mu = 0$处等于0.5,(0, 0.5)为曲线$f(x)$的对称点(也是其拐点),在该点$f(x)$的斜率$m = 0.25$,而$f(x) = 0$及$f(x) = 1$为其渐近线。

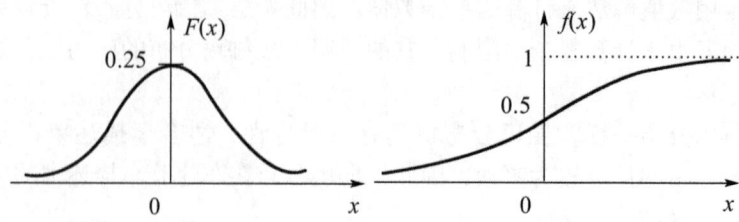

图2-18 Logistic分布函数(左)及密度函数(右)

与正态分布曲线类似，Logistic 分布具有对称性，但从概率密度函数上可以看出，Logistic 分布的分布形式较为简单，对于复杂的车速数据是否能够进行较好的描述还有待进一步的研究，以及对其进行检验的结果。

（2）旧路运行车速总体分布特征分析

① 参数描述性统计。

车辆行驶速度是一个随机变量，对速度数据的概率统计分析有助于提前了解高速公路流态下交通流速度分布特征。使用 SPSS 软件对速度数据做描述性统计，并作频数分布直方图，分别如表 2-9 与图 2-19 所示。

表 2-9　速度数据描述性统计表

统计量	均值	中位数	标准差	方差	偏度	峰度	极大值	极小值
速度（km/h）	83.72	92.71	24.33	591.97	-1.642	1.759	120	0.5
统计量	百分数							—
	5%	15%	25%	50%	75%	85%	95%	
速度（km/h）	22.64	57.00	81	92.71	98.82	101.43	105.65	

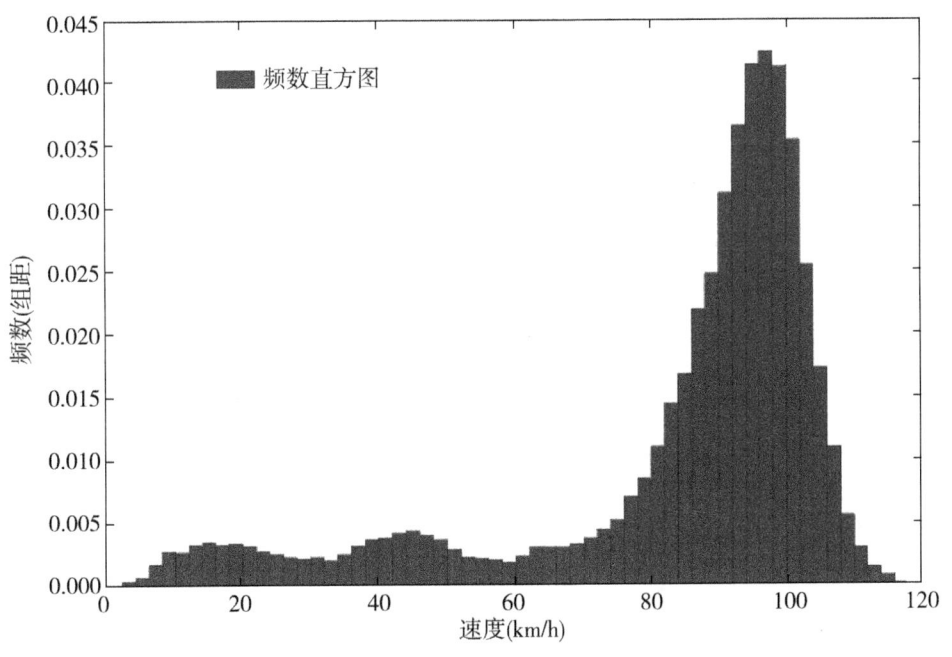

图 2-19　速度数据频数分布直方图

根据表 2-9，可发现速度样本的峰度小于 3，且偏度为负。平均值与中位数有较大的差异，初步估计速度的分布并不服从正态分布，从图 2-19 也可以发现，速度的分布并不具有正态分布的特征。

② 正态分布检验。

为了证明这一结论,运用 SPSS 软件对样本进行 K-S 检验法进行正态性检验。K-S（Kolmogorov-Smirnov）检验是检验单一样本是否来自某一特定分布的方法。它的检验方法是以样本数据的累计频数分布与特定理论分布比较,若两者间的差距很小,则推论该样本取自某特定分布族。原理如下：

设 $x_1, \cdots, x_n$ 是从总体 $f(x)$ 中抽取的样本,检验：$H_0: f(x) = f_0(x)$；$H_1: f(x) \neq f_0(x)$

其中 $f_0(x)$ 为已知的连续分布函数,记 $x_1, \cdots, x_n$ 的经验分布函数为 $f_n(x)$,当 H_0 成立且样本量 n 充分大时,经验分布函数 $f_n(x)$ 为总体分布函数 $f(x)$ 相近。定义统计量：

$$D_n = \max |f_n(x) - f_0(x)|$$

作为 H_0 的检验统计量。

结论：当实际观测 $D > D(n,\alpha)$ [$D(n,\alpha)$ 是显著水平为 α 且样本容量为 n 时,D 的拒绝临界值],则拒绝 H_0,反之则接受 H_0 假设。

检验结果如表 2-10 所示。

表 2-10　K-S 正态性检验

项目	检验结果
Kolmogorov-Smirnov Z	44.348
渐近显著性	0.000

从表 2-10 检验结果发现,Z 值与渐近显著性值并不全大于显著水平 0.05,故速度总体并不服从正态分布。

分析原因后认为,受实际服务水平、天气条件以及道路水平等因素的影响,高速公路并不能保证整个交通流是连续且不受外界干扰的。但是从图 2-19 速度数据频率分布直方图可以发现,速度总体的分布在 0～30 km/h、30～60 km/h 以及 60～120km/h 时,速度呈现正态分布特征。

实测速度可能在同种交通运行状态下呈现正态分布特征,如在自由流与缓行流的情况下,速度可能呈现不同概率密度的正态分布,故分别对 $v \in [0,30]$、$v \in (30,60]$ 与 $v \in (60,120]$ 的情况下进行正态性检验。用 SPSS 软件对不同区间速度分别进行 K-S 检验,结果如表 2-11 所示。

表 2-11　不同速度区间正态性检验

项目	$v \in [0,30]$	$v \in (30,60]$	$v \in (60,120]$
Kolmogorov-Smirnov Z	2.157	1.995	15.115
渐近显著性	0.000	0.000	0.000

结果表明,不同区间下的速度总体并不服从正态分布。分析认为,分区间正态性检验没通过的原因主要是区间与区间之间有重叠,无法正确地划分区间以及分配各自分布的实测频数。

③ 核密度估计。

为了定量了解速度的概率统计分布特征,采用核密度估计的方法来估计速度总体的概率分布。

核密度估计是由 Rosenblatt(1955)和 Emanuel Parzen(1962)提出的一种估计分布未知情况下概率密度函数的非参数检验方法。设 $x_1, x_2, \cdots, x_n$ 为单位变量 x 的独立同分布的一个样本,则 x 所服从的密度函数 $\hat{f}(x)$ 的核密度估计为:

$$\hat{f}(x) = \frac{1}{nh_n} \sum_{i=1}^{n} K\left(\frac{x - x_i}{h_n}\right) \quad (2-21)$$

式中　$K(\cdot)$ ——核函数,且 $K(x) \geq 0, \int_{-\infty}^{+\infty} K(x)\mathrm{d}x = 1$;

　　　h_n——窗口宽度,简称窗宽或带宽。

a. 核密度函数的选择。

常见的核密度函数如表 2-12 所示。

表 2-12　常见核密度函数

核函数名称	表达式
均匀核函数	$K(u) = \begin{cases} 0.5 & -1 \leq u \leq 1 \\ 0 & 其他 \end{cases}$
三角核函数	$K(u) = 1 - \|u\| \quad \|u\| \leq 1$
Epanechikov 核函数	$K(u) = 0.75(1 - u^2) \quad \|u\| \leq 1$
四次核函数	$K(u) = \frac{15}{16}(1 - \|u\|^2) \quad \|u\| \leq 1$
指数核函数	$K(u) = e^{\|u\|}$
高斯核函数	$K(u) = \frac{1}{\sqrt{2\pi}} e^{-\frac{u^2}{2}}$
余弦核函数	$K(u) = \begin{cases} \frac{1}{2}\cos(u) & \|u\| \leq \frac{\pi}{2} \\ 0 & 其他 \end{cases}$

选取不同的核函数其实就是选取了不同的加权平均过程，因不同的核函数对于概率密度的核估计影响相对于窗宽选取的影响较小，故本研究选取使用较为方便的高核函数进行核密度估计。

b. 窗宽的选择。

通常采用估计密度与真实密度之间的均方误差（MSE）来确定窗宽，均方误差反映的是核密度估计函数 $\hat{f}(x)$ 与实际概率密度函数 $f(x)$ 的平均偏差程度。表达式如下：

$$\mathrm{MSE}(\hat{f}(x)) = E\left[\hat{f}(x) - f(x)\right]^2 \tag{2-22}$$

对式（2-22）积分，使积分均方误差最小时的窗宽即为最优窗宽。

$$\mathrm{MISE}(h_n) = E\left\{\int \left[\hat{f}(x) - f(x)\right]^2 \mathrm{d}x\right\} = \mathrm{AMISE}(h_n) + o\left(\frac{1}{nh_n} + h_n^4\right)$$

其中，$\mathrm{AMISE}(h_n) = \dfrac{\int K^2(x)\mathrm{d}x}{nh_n} + \dfrac{h^4 k^4 \int f(x)^2 \mathrm{d}x}{4}$ 为渐近均方误差。

对 $\mathrm{AMISE}(h_n)$ 进行变化可得最优窗宽 $\tilde{h}_n$：

$$\tilde{h}_n = k^{\frac{2}{5}}\left\{\int K''(x)\mathrm{d}x\right\}^{\frac{1}{5}}\left\{\int f(x)^2 \mathrm{d}x\right\}^{\frac{1}{5}} \tag{2-23}$$

由式（2-23）可以看出，式中含有未知函数 $f(x)$。

若 $f(x)$ 为方差 σ^2 的正态分布概率密度函数：

$$\int f(x)^2 \mathrm{d}x = \sigma^{-5} \int \Phi(x)^2 \mathrm{d}x = \frac{3}{8}\pi^{-\frac{1}{2}}\sigma^{-5} \approx 0.212\sigma^{-5}$$

故采用高斯核函数作为核密度估计的核函数时的最优窗宽为：

$$\tilde{h}_n = (4\pi)^{-\frac{1}{10}}\left(\frac{3}{8}\pi^{-\frac{1}{2}}\right)^{-\frac{1}{5}}\sigma n^{-\frac{1}{5}} = \left(\frac{4}{3}\right)^{\frac{1}{5}}\sigma n^{-\frac{1}{5}} \approx 1.06\sigma n^{-\frac{1}{5}} \tag{2-24}$$

在实际使用中 σ 可以用样本标准差 S 来代替。由于式 $\tilde{h}_n \approx 1.06\sigma n^{-\frac{1}{5}}$ 是近似值，且假设 $f(x)$ 为方差的正态分布概率密度函数，故在选用窗宽时可以根据式（2-24）来初步估计窗宽的大小，并采用启发式方法，确定合理的窗宽。

初步计算近似最佳窗宽：

$$\tilde{h}_n \approx 1.06\sigma n^{-\frac{1}{5}} = 1.06 * 24.33 * 41760^{-\frac{1}{5}} = 3.07$$

采用启发式方法选取窗宽 h_n 分别为 1，2，3，4，5 进行核密度估计。核密度估计图如图 2-20 所示。

如图 2-20 所示，当窗宽为 1 时，拟合效果较好。由此可得到基于样本的速度核密度估计函数为：

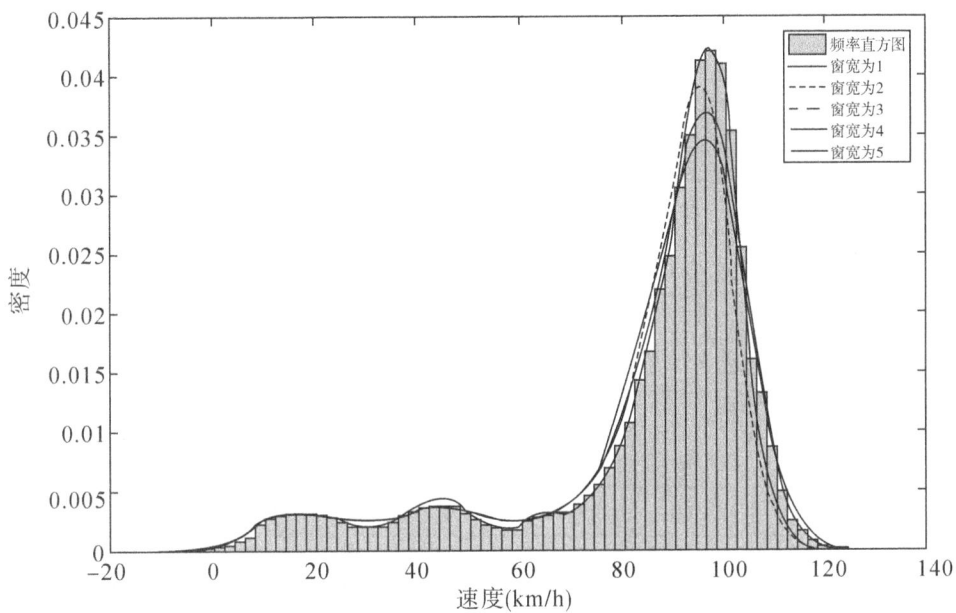

图 2-20 不同窗宽下的速度核密度估计图

$$\hat{f}(x) = \frac{1}{41\,760} \sum_{i=1}^{41\,760} \left[\frac{1}{\sqrt{2\pi}} e^{-\frac{(x-X_i)^2}{2}} \right] \qquad (2-25)$$

④分布拟合检验。

为了验证上述核密度估计的准确性,采用 χ^2 检验法对窗宽为1时的核密度估计进行检验。χ^2 分布拟合检验的步骤为:

a. 分组:将总体 ξ 分成互不相交的 k 个区间 $A_1 = [a_0, a_1), [a_1, a_2), \ldots, [a_{k-1}, a_k)$;

b. 计算各区间的理论频率 $\hat{p}_i$,计算 $n\hat{p}_i$;

c. 分别计算样本落在 $[a_{i-1}, a_i)$ 的实际频数 v_i;

d. 计算统计量 $\chi^2 = \sum\limits_{i=1}^{k} \dfrac{(v_i - np_i)^2}{np_i}$

e. 根据所给的显著性水平 α,查表得:$\chi^2_{1-\alpha}(k-r-1)$

比较 d 与 e 的值确定检验结果。

计算结果如表 2-13 所示。

表 2-13 χ^2 检验计算表

组别	分组	v_i	$\hat{p}_i$	$n\hat{p}_i$	$\dfrac{(v_i - np_i)^2}{np_i}$
1	[0, 8.91)	277	0.0071	296.50	1.2820
2	[8.91, 21.59)	1689	0.0396	1653.70	0.7537
3	[21.59, 34.26)	1227	0.0300	1252.80	0.5313
4	[34.26, 46.94)	1885	0.0452	1887.55	0.0035
5	[46.94, 59.62)	1385	0.0332	1386.43	0.0015
6	[59.62, 72.29)	1590	0.0379	1582.70	0.0336
7	[72.29, 84.97)	4647	0.1130	4718.88	1.0949
8	[84.97, 97.65)	16 549	0.3940	16 453.44	0.5550
9	[97.65, 110.32)	12 109	0.2895	12 089.52	0.0314
10	[110.32, 123.00)	402	0.0105	438.48	3.0350
合计		41 760	1.0000	41 760	7.3218

由表可得，统计量为 $\chi^2 = \sum_{i=1}^{10} \dfrac{(v_i - 39696p_i)^2}{39696p_i} = 7.3218$，取显著性水平 $\alpha = 0.05$，查 χ^2 分布表得：

$$\chi^2_{1-\alpha}(k - r - 1) = \chi^2_{1-0.05}(10 - 1 - 1) = 15.507;$$

$$\chi^2 = 7.3218 < 15.507$$

故可以认为当窗宽为 1 时的核密度估计是合理的。

2.3.2.3 各交通流态下运行速度特征分布分析

(1) 惠深高速

对惠深高速公路所调研交通自由流数据进行分析，因不确定其分布情况，故事先采用频率直方图分析如下：

首先，对调研中测得的各个断面的不同类型车辆运行车速从小到大进行排序，然后以速度间隔 5 km/h 对其进行分频分组统计，得到不同车型车速频率分布直方图。其中，以惠深高速伯公坳互通立交下行方向小客车、大客车和大货车为例，比较分析同一断面不同车型车速分布特点，如图 2-21 所示；以惠深高速伯公坳互通立交下行方向、平南互通立交下行方向、白云前收费站断面为例，比较分析不同断面同一时间车速分布特点，如图 2-22 所示。

下面用正态分布对车速数据进行分布拟合检验。

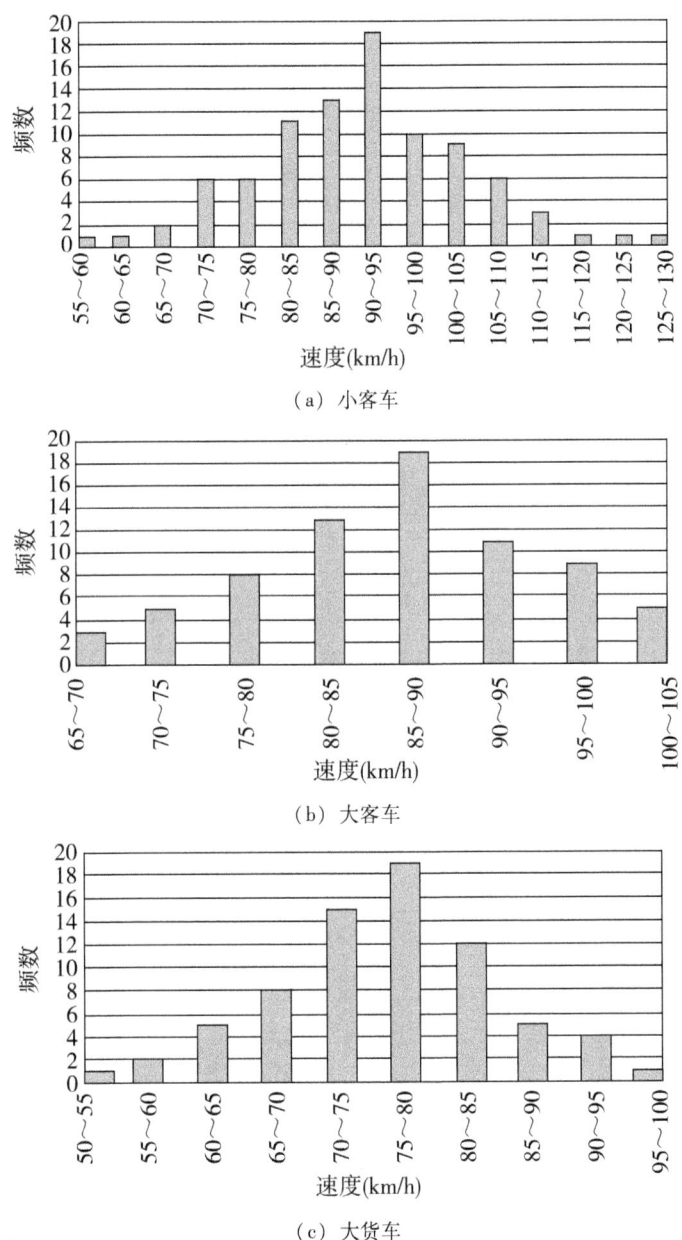

图 2-21 伯公坳互通立交下行方向频率分布直方图

由图 2-21 可知，对于同一断面，在保证一定调查基数下，不论小客车、大客车还是大货车，其速度分布频率都是中间较为集中而两边较为分散，基本符合正态分布特征。其中，小客车的速度峰值（90～95 km/h）＞大客车速度峰值（85～90 km/h）＞大货车速度峰值（75～80 km/h）。

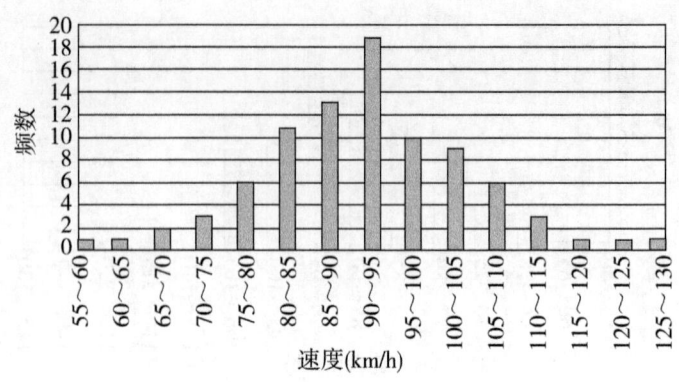

（a）伯公坳互通立交下行方向

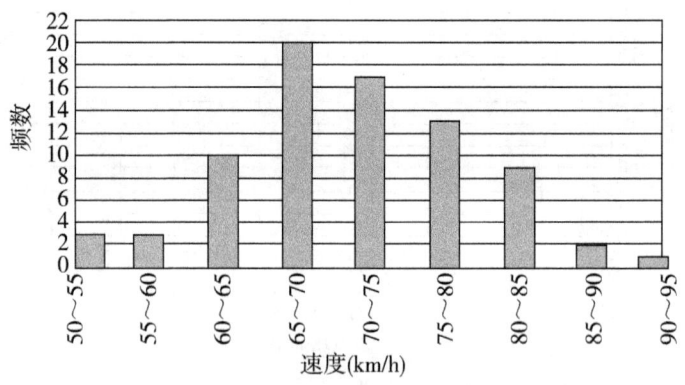

（b）平南互通立交下行方向

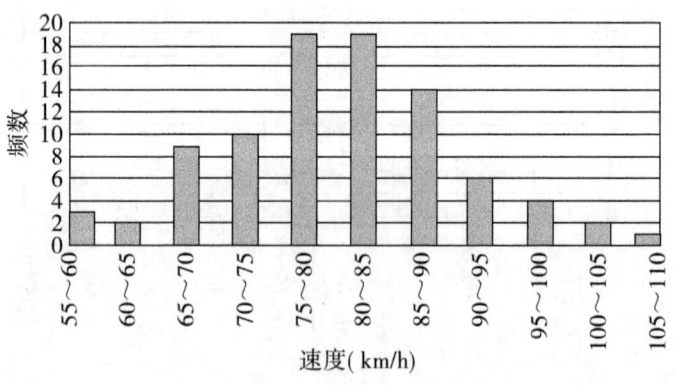

（c）白云前收费站

图 2-22　小客车频率分布直方图

由图 2-22 可看出不同断面频率分布基本符合中间集中、两边分散的特点，伯公坳断面最为明显，其他断面由于调查基数等产生少许误差，基本符合正态分布的特点。

为进一步准确描述调研所得车速资料的正态分布情况，用 P-P 概率分布图和单样本的 K-S 检验分析如下：

①P-P 概率分布图。

直方图和茎叶图是评估数据分布的常用图示法，但它们都不能直观给出数据分布与正态分布相差多少，而 P-P 概率图可用于直观表示数据是否符合正态分布。它是在统计图中描绘比较变量的实际累积概率以及所考察分布类型的理论累积概率符合程度，以判断资料是否服从所考察的分布类型。如果变量服从正态分布，则实际累积概率与理论累积概率应该基本一致。该法是一种直观、简单的方法。因此，采用 SPSS 软件的 P-P 图对车速数据进行定性的拟合检验。

表 2-14　伯公坳互通立交下行方向小客车运行车速 P-P 图和趋势 P-P 图分析参数

	估计的分布参数		
正态分布	位置		91.34
	标度		12.544

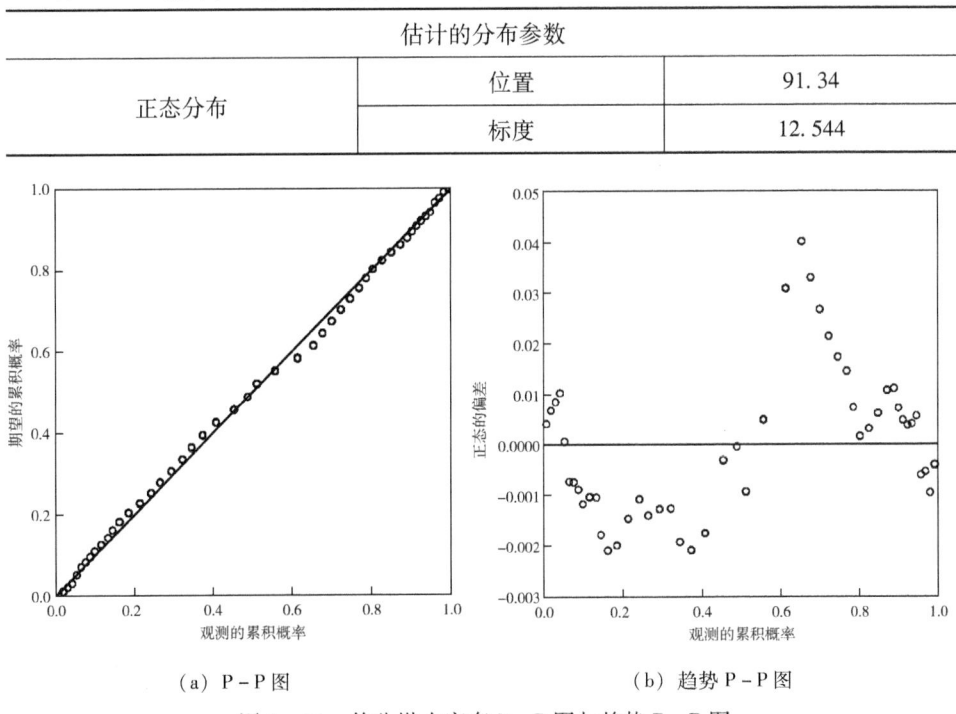

(a) P-P 图　　　　　　　　(b) 趋势 P-P 图

图 2-23　伯公坳小客车 P-P 图与趋势 P-P 图

以惠深高速伯公坳互通立交下行方向小客车、大客车、大货车，平南互通立交下行方向小客车、白云前收费站断面小客车的 P-P 图和趋势 P-P 图说明检验结果。

表 2-15　伯公坳互通立交下行方向大客车运行车速 P-P 图和趋势 P-P 图分析参数

	估计的分布参数		
正态分布	位置		86.44
	标度		8.679

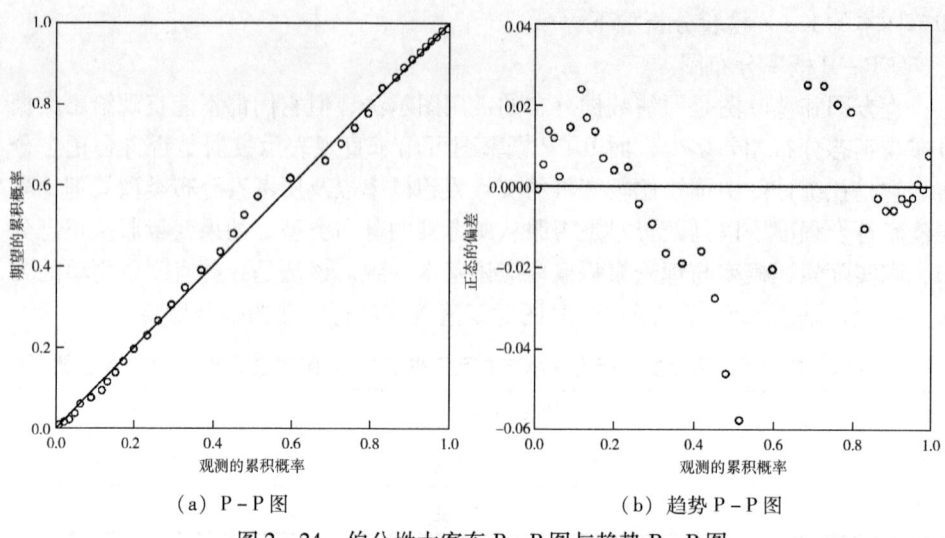

(a) P-P图　　　　　　　　　(b) 趋势P-P图

图2-24　伯公㘭大客车P-P图与趋势P-P图

表2-16　伯公㘭互通立交下行方向大货车运行车速P-P图和趋势P-P图分析参数

	估计的分布参数	
正态分布	位置	76.00
	标度	8.726

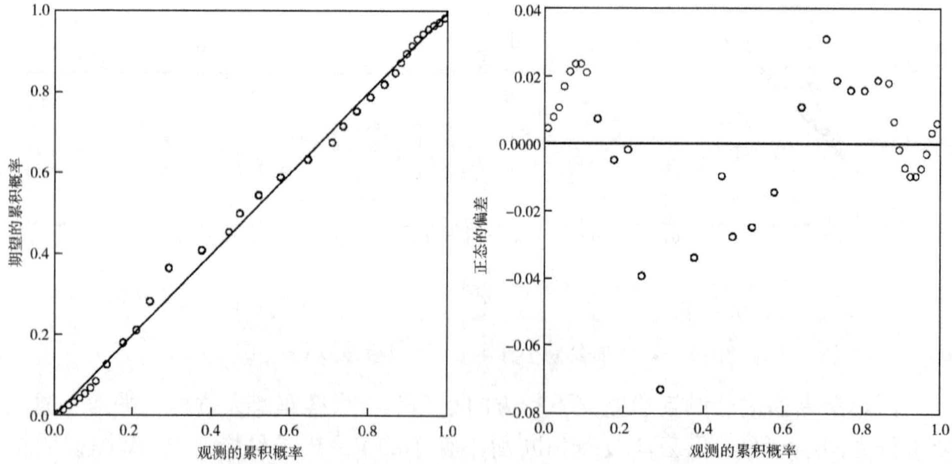

(a) P-P图　　　　　　　　　(b) 趋势P-P图

图2-25　伯公㘭大货车P-P图与趋势P-P图

表2-17　平南互通立交下行方向小客车运行车速P-P图和趋势P-P图分析参数

	估计的分布参数	
正态分布	位置	72.60
	标度	9.524

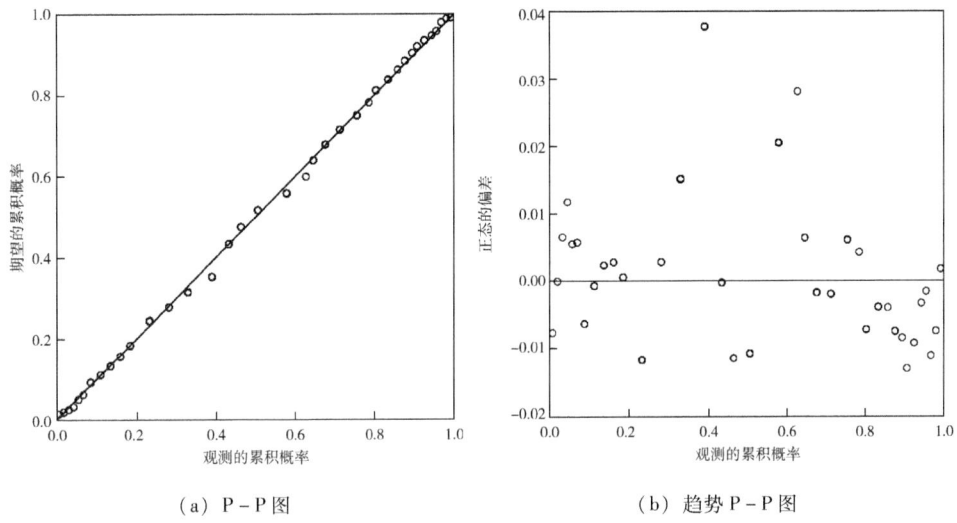

(a) P-P图　　　　　　　　　　　　(b) 趋势 P-P图

图 2-26　平南小客车 P-P 图与趋势 P-P 图

表 2-18　白云前收费站断面小客车运行车速 P-P 图和趋势 P-P 图分析参数

估计的分布参数		
正态分布	位置	80.40
	标度	10.584

个案未进行加权。

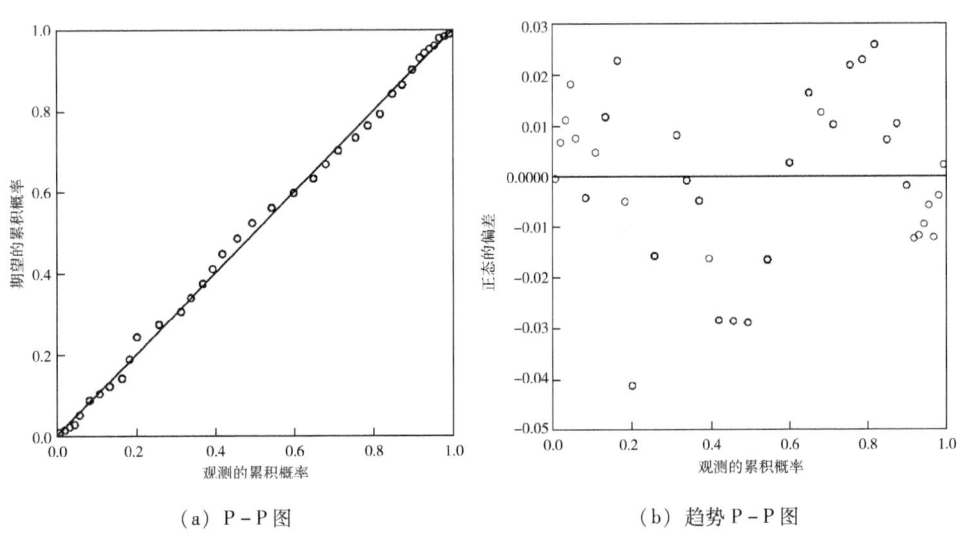

(a) P-P图　　　　　　　　　　　　(b) 趋势 P-P图

图 2-27　白云前收费站小客车 P-P 图与趋势 P-P 图

P-P图中两个坐标轴分别表示理论累积概率和实际累积概率,其数据点和理论直线(对角线)均基本重合,大致呈一条直线,即变量的实际分布和理论分布相差不大,呈正态分布。而趋势P-P图反映的是正态分布计算中的理论值和实际值之差的分布情况,即分布的残差图。因数据点均匀地分布在$y=0$这条直线上下,实际分布和理论分布相差很小,残差绝对值不超过0.05,由此可判断其基本服从正态分布。综合以上,说明断面运行车速频率分布服从正态分布假设,其他断面检验结果也都较好地验证了正态分布的适用性。

②单样本的K-S检验。

在SPSS中进行K-S检验,以惠深高速伯公坳互通立交下行方向小客车、大客车和大货车,平南互通立交下行方向小客车、白云前收费站断面小客车为例,表2-19为该断面大小车运行速度数据SPSS输出正态分布检验的结果。

表2-19 运行车速K-S检验结果统计表

描述性统计量					
	N	均值	标准差	极小值	极大值
伯公坳小客车	87	91.34	12.544	57	126
伯公坳大客车	73	86.44	8.679	66	105
伯公坳大货车	72	76.00	8.726	53	95
平南小客车	82	72.60	9.524	52	95
白云前收费站小客车	80	80.40	10.584	55	105

表2-20 单样本Kolmogorov-Smirnov检验

		伯公坳小客车	伯公坳大客车	伯公坳大货车	平南小客车	白云前收费站小客车
N		87	73	72	82	80
正态参数[a,b]	均值	91.34	86.44	76.00	72.60	80.40
	标准差	12.544	8.679	8.726	9.524	10.584
最极端差别	绝对值	0.060	0.082	0.102	0.063	0.060
	正	0.060	0.053	0.060	0.063	0.046
	负	-0.039	-0.082	-0.102	-0.049	-0.060
Kolmogorov-Smirnov Z		0.558	0.699	0.862	0.574	0.538
渐近显著性(双侧)		0.914	0.713	0.447	0.896	0.934

a. 检验分布为正态分布

b. 根据数据计算得到

经检验，所调研的车速分布均满足正态分布，即在车辆行驶不受外界干扰，车辆相互之间的影响较小的情况下，速度的经验分布为正态分布。但是车辆在实际的行驶过程中，车辆会受到环境、事故等外界的诸多干扰，理想的状态几乎不存在，此时的速度断面分布未必服从对应的经验分布。这里对开阳高速公路所调研的复杂交通流速度进行分析。

(2) 开阳高速

根据图 2-20 分析可知，速度总体的分布在 0~30 km/h、30~60 km/h 以及 60~120 km/h 呈现三个明显波峰，假设实测速度可能在这三个速度区间的交通流状态下呈现如正态分布或 Weibull 分布特征。采用 K-FCM 结合算法对数据进行聚类处理，将运行车速分为自由流、稳定流和拥挤流三种交通状态，聚类结果和各交通流态数据描述性统计特征如图 2-28 和表 2-21 所示。

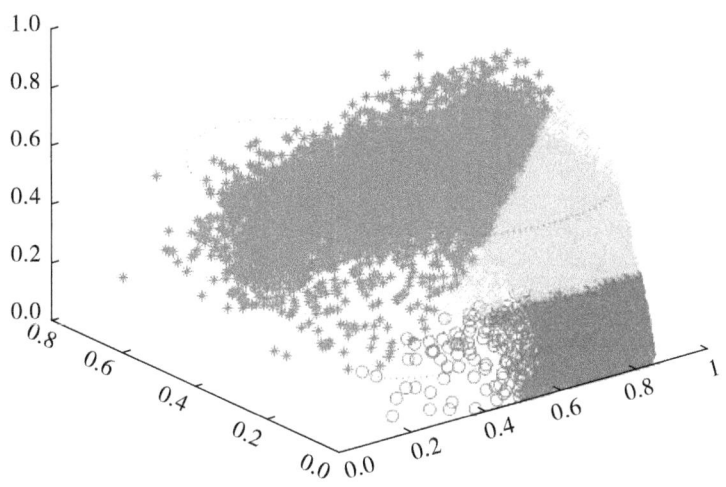

图 2-28 二分 K-FCM 算法交通流态聚类三维结果图

表 2-21 各交通流态下速度数据描述性统计表（单位：km/h）

统计量 交通流态	偏度	峰度	标准差	总数	众数	极小值	极大值	15%	85%	均值
自由流	-0.792	1.971	8.063	28 532	94.00	35.00	120.00	87.00	102.83	95.15
稳定流	-0.062	-1.300	18.687	7907	45.00	31.00	104.00	43.95	88.43	66.72
拥挤流	0.238	-0.660	8.505	3257	15.00	1.00	46.00	11.00	30.47	20.40

从表 2-21 可以看出，自由流、稳定流和拥挤流数据众数分别为 94 km/h、45km/h 和 15 km/h，恰好近似对应图 2-20 中三个速度频率分布波峰速度值，

再考虑三个交通流态速度数据峰度和偏度值均接近于 0，故初步估计各交通流态下速度分布均呈现正态分布或 Weibull – 3 分布。对各交通流态车速数据用基于 Levenberg Marquardt 迭代的非线性最小二乘法（MLE – LM 算法）模型进行 Weibull – 3 分布拟合，并进行正态分布拟合和高斯多峰拟合。

①三参数 Weibull 分布。

Weibull – 3 函数表达式为：

$$F(x) = 1 - \exp\left[-\left(\frac{x-\gamma}{\eta}\right)^\beta\right] \quad (2-26)$$

其中，$x \geqslant \gamma \geqslant 0$，$\beta > 0$，$\eta > 0$。

概率密度函数表达式为：

$$f(x) = \frac{\beta}{\eta}\left(\frac{x-\gamma}{\eta}\right)^{\beta-1}\exp\left[-\left(\frac{x-\gamma}{\eta}\right)^\beta\right] \quad (2-27)$$

上述函数式（2 – 26）、式（2 – 27）各参数含义及意义如下文所释。

a. Weibull – 3 的形状参数 β。

由图 2 – 29 可知，参数 β 决定了函数曲线的形状，使得 Weibull – 3 分布具有很强的可塑性、适用性和灵活性。当 $\beta < 1$ 时，函数曲线图形与指数分布函数图形相似，当 $3 < \beta < 4$ 时，图形趋近于 Normal 分布。

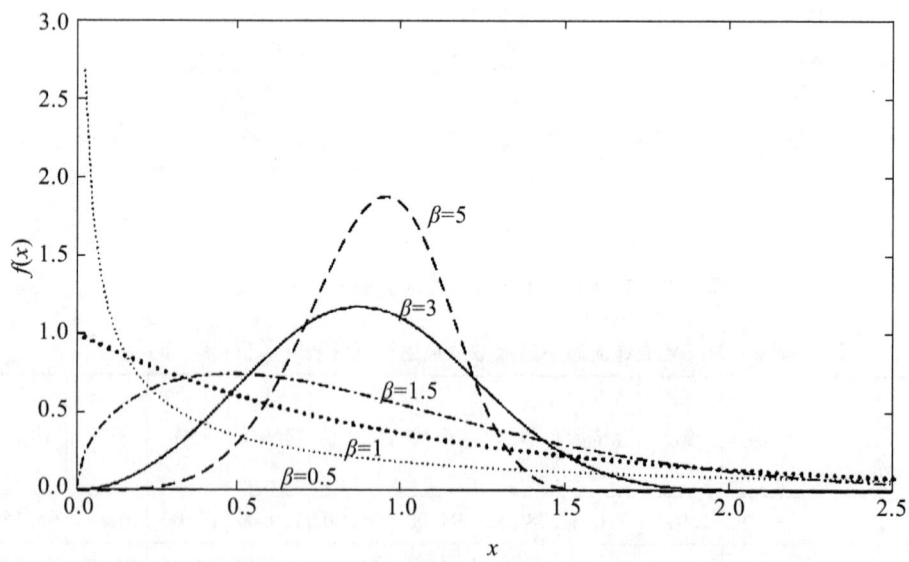

图 2 – 29　当 $\gamma = 0$、$\eta = 1$ 时，不同 β 取值下 Weibull – 3 概率密度函数曲线分布图

b. Weibull – 3 的尺度参数 η。

由图 2 – 30 可知，参数 η 决定了函数曲线的扁平度和跨度，且 η 值越大，函数曲线图形越尖锐。

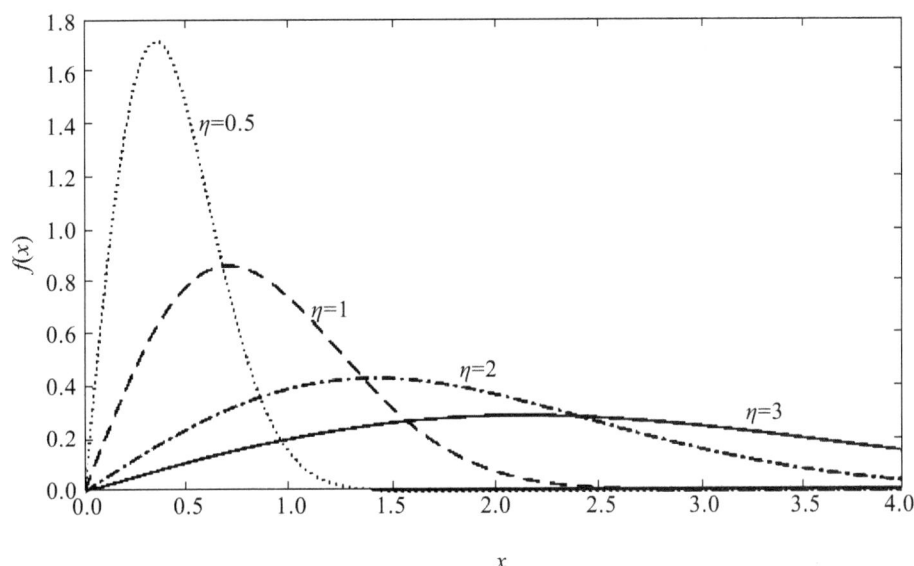

图 2-30 当 $\beta=2$、$\gamma=0$ 时，不同 η 取值下 Weibull-3 概率密度函数曲线分布图

c. Weibull-3 的位置参数 γ。

由图 2-31 可知，参数 γ 决定了函数曲线图形沿 x 轴正方向的起始位置，且随着 γ 取值的增大，函数曲线沿 x 轴正方向平移。当 $\gamma=0$ 时，即是二参数 Weibull 分布（以下简称 Weibull-2），其函数表达式为：

$$f(x) = 1 - \exp\left[-\left(\frac{x}{\eta}\right)^{\beta}\right] \qquad (2-28)$$

其中，$x>0$，$\beta>0$，$\eta>0$

概率密度函数表达式为：

$$f(x) = \frac{\beta}{\eta}\left(\frac{x}{\eta}\right)^{\beta-1}\exp\left[-\left(\frac{x}{\eta}\right)^{\beta}\right] \qquad (2-29)$$

故 Weibull-3 函数曲线即是 Weibull-2 函数曲线沿 x 轴平移 γ 后得到的。

②Weibull-2 极大似然估计。

设 x_1，x_2，…，x_n 为总体服从 $X \sim$ Weibull (η, β) 的 N 个独立样本，根据极大似然估计基本原理，构造 Weibull-2 似然函数：

$$L(\eta, \beta) = \prod_{i=1}^{n} f(x_i; \eta, \beta) = \prod_{i=1}^{n} \frac{\beta}{\eta}\left(\frac{x_i}{\eta}\right)^{\beta-1} \cdot \exp\left\{-\left(\frac{x_i}{\eta}\right)^{\beta}\right\}$$

$$= \frac{\beta^n}{\eta^n\beta}\left(\prod_{i=1}^{n} x_i\right)^{\beta-1} \cdot \exp\left\{-\sum_{i=1}^{n}\left(\frac{x_i}{\eta}\right)^{\beta}\right\} \qquad (2-30)$$

对上述似然函数式（2-30）进行取对数运算：

$$\ln L = n\ln\beta - n\beta\ln\eta + (\beta - 1)\sum_{i=1}^{n}\ln(x_i) - \sum_{i=1}^{n}\left(\frac{x_i}{\eta}\right)^{\beta} \quad (2-31)$$

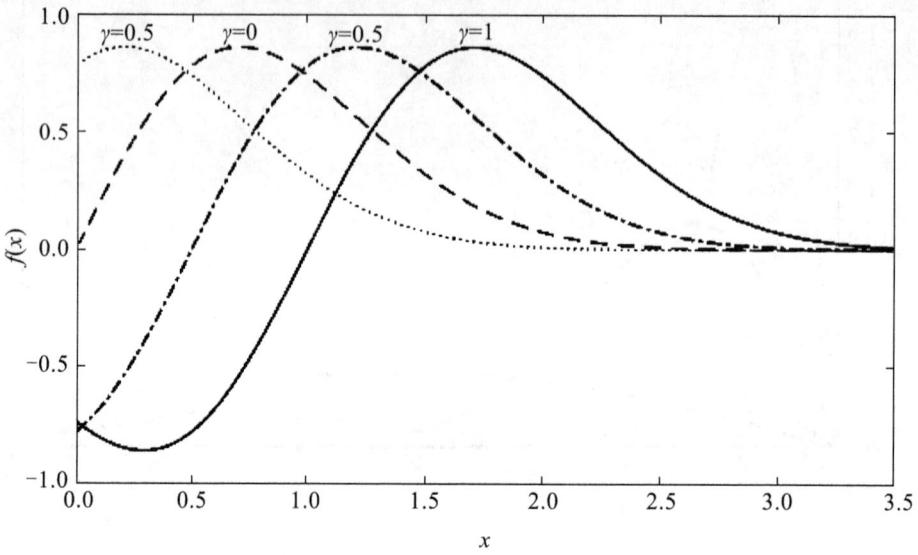

图 2-31 当 $\beta=2$、$\eta=1$ 时，不同 γ 取值下 Weibull-3 概率密度函数曲线分布图

再求上述对数似然函数式（2-31）关于参数 β 和 η 的偏导数：

$$\begin{cases} \dfrac{\partial \ln L}{\partial \beta} = \dfrac{n}{\beta} - n\ln\eta + \sum_{i=1}^{n}\ln(x_i) - \sum_{i=1}^{n}\left(\dfrac{x_i}{\eta}\right)^{\beta}\ln\left(\dfrac{x_i}{\eta}\right) \\ \dfrac{\partial \ln L}{\partial \eta} = -\dfrac{n\beta}{\eta} + \sum_{i=1}^{n}\left(\dfrac{x_i}{\eta}\right)^{\beta}\dfrac{\beta}{\eta} \end{cases} \quad (2-32)$$

考虑到上述函数的复杂性，若采用常用的求解非线性方程的 Newton-Raphson 算法求解，令偏导数为 0，难以直接解出 Weibull-2 参数的估计值，下文接着对式（2-32）做一系列相应变换。

先令式（2-32）中第 2 式为 0，则有：

$$n = \sum_{i=1}^{n}\frac{(x_i)\beta}{\eta^{\beta}} \quad (2-33)$$

将式（2-33）变形后，有：

$$\eta^{\beta} = \frac{1}{n}\sum_{i=1}^{n}(x_i)^{\beta} \quad (2-34)$$

将式（2-34）带入式（2-20）后做相应变换有：

$$\ln L \sum_{i=1}^{n}\left[\ln\beta + (\beta-1)\ln(x_i) - \ln\frac{\sum_{i=1}^{n}(x_i)\beta}{n} - \frac{n(x_i)^{\beta}}{\sum_{i=1}^{n}(x_i)^{\beta}}\right]$$

$$= n\ln\beta + (\beta - 1)\sum_{i=1}^{n}\ln(x_i) - n\ln\frac{\sum_{i=1}^{n}(x_i)\beta}{n} - n \qquad (2-35)$$

经过上述变换，式（2-35）简化为只与 β 有关的函数，可以通过数值计算直接找出使得极大似然函数取最大值的 β，再代入式（2-34）计算出 η，最后得到 Weibull-2 的参数值 β_0 和 η_0。

③基于 Levenberg Marquardt 迭代的非线性最小二乘法。

最小二乘法的原理是使所有数据点与估计点的误差的平方和最小。对 Weibull-3 的分布函数两次取对数后线性变换为：

$$\ln\ln\frac{1}{1-F(x)} = \beta\ln\eta + \beta\ln(x-\gamma)$$

令 $y_i = \ln\ln\frac{1}{1-F(x_i)}$，$x_i = \ln(x_i - \gamma)$，$a = \beta$，$b = -\beta\ln\eta$。

则问题归结为确定一元线性回归模型 $y = ax + b$ 的参数 a 和 b，建立最小二乘法的约束准则为：

$$Q = \sum_{i=1}^{n}E_i^2 = \sum_{i=1}^{n}(y_i - ax_i - b)^2 \rightarrow \min \qquad (2-36)$$

考虑 Weibull-3 是一种非线性静态模型，因而不能直接用线性最小二乘法中的多元函数极值的方法直接得到参数估计值，而需要采用复杂的优化算法求解。本文采用列文伯格-马夸尔特（Levenberg Marquardt，LM）算法进行迭代计算，将 Weibull-2 分布的极大似然估计得到的参数值和位置参数值 $\gamma_0 = 0$ 作为 Weibull-3 迭代搜索的初始值 $\theta_0(\beta_0, \eta_0, \gamma_0)$，利用梯度寻找使得函数值最小的参数向量。

④MLE-LM 算法模型的建立。

MLE-LM 算法模型

目标：对函数关系 $x = f(\theta)$，给定 $f(\cdot)$ 与观测向量 x，估计 $\theta(\beta, \eta, \gamma)$ 值。

算法步骤：

步骤 1　设置迭代初始点 $\theta_0(\beta_0, \eta_0, \gamma_0 = 0)$，迭代停止阈值 ε，计算 $\varepsilon_0 = \|x - f(\theta_0)\|$，$k = 0$，$\lambda_0 = 10^{-3}$，$v = 10$（也可以是其他大于 1 的数）。

步骤 2　计算 Jacobi 矩阵 J_k 和 $\overline{N}_k = J_k^T J_k + \lambda_k I$，构造增量正规方程 $\overline{N}_k \cdot \delta_k = J_k^T \varepsilon_k$。

步骤 3　求解增量正规方程得到 δ_k。

a. 如果 $\|x - f(\theta_k + \delta_k)\| < \varepsilon_k$，则令 $\theta_{k+1} = \theta_k + \delta_k$，若 $\|\delta_k\| < \varepsilon$，停止迭代，输出结果；否则令 $\lambda_{k+1} = v \cdot \lambda_k$，返回步骤 2。

b. 如果 $\|x - f(\theta_k + \delta_k)\| \geq \varepsilon_k$，则令 $\lambda_{k+1} = v \cdot \lambda_k$，重新解正规方程得到 δ_k，返回步骤 1。

在 95% 的置信水平下，采用上述 MLE-LM 算法进行拟合分析，其结果如图 2-32～图 2-34 所示。

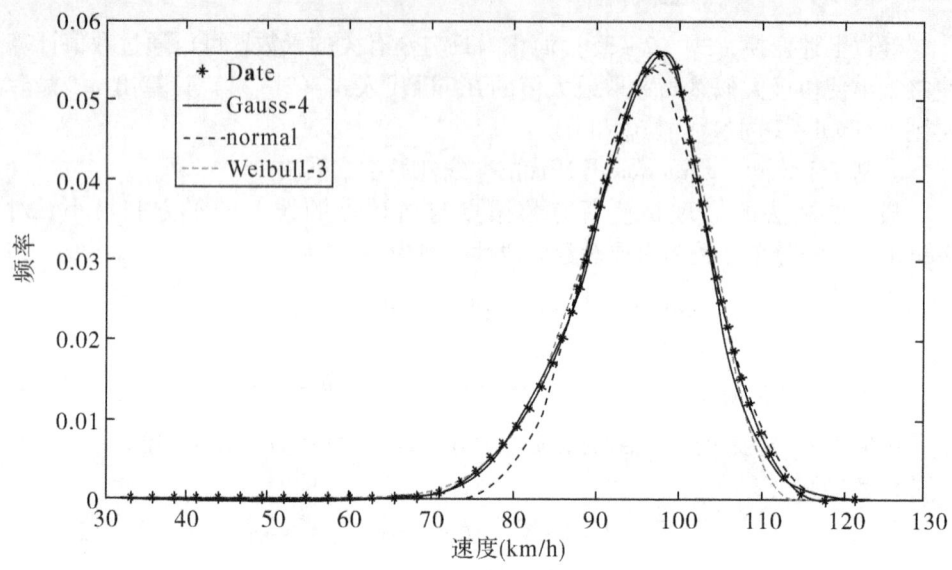

图 2-32 自由流车速分布拟合结果

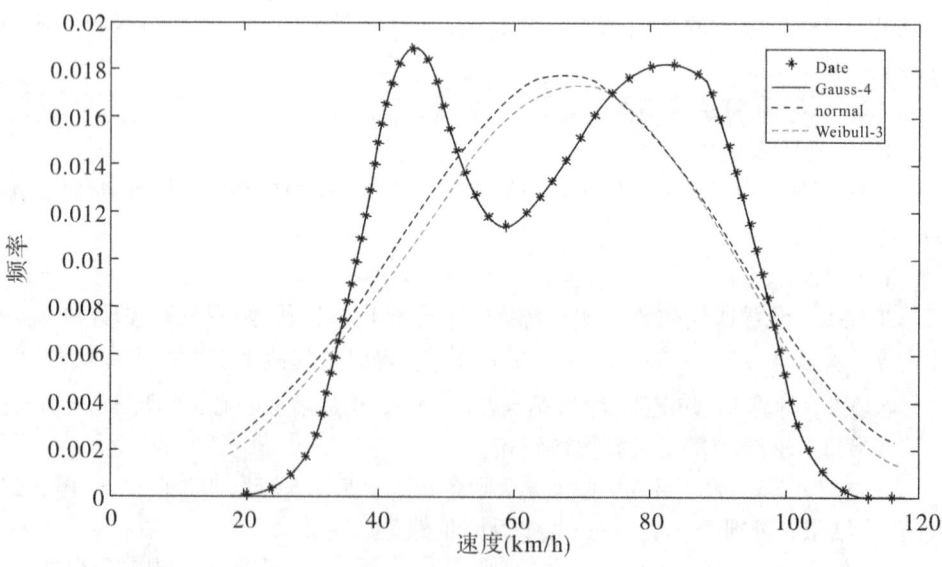

图 2-33 稳定流车速分布拟合结果

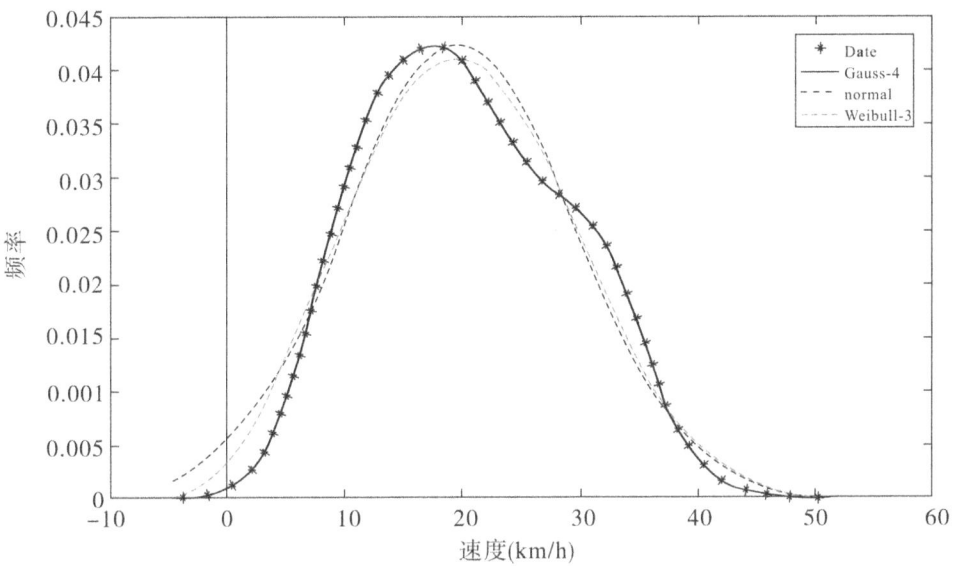

图 2-34 拥挤流车速分布拟合结果

⑤分布拟合检验。

对概率密度函数分布拟合结果常采用 SSE、R-square、DFE、Adj R-square 和 RMSE 等指标进行检验。

a. SSE（误差平方和）：拟合数据和原始数据对应点的误差的平方和。

$$\text{SSE} = \sum_{i=1}^{n} w_i (y_i - \hat{y}_i)^2$$

因而，SSE 越接近于 0，说明模型选择和拟合得更好。

b. R-square（确定系数）：SSR 和 SST 的比值。

$$\text{R-square} = \frac{\text{SSR}}{\text{SST}} = \frac{\text{SST} - \text{SSE}}{\text{SST}} = 1 - \frac{\text{SSE}}{\text{SST}}$$

其中，

SSR——预测数据与原始数据均值之差的平方和；

$$\text{SSR} = \sum_{i=1}^{n} w_i (\hat{y}_i - \bar{y}_i)^2$$

SST——原始数据和均值之差的平方和。

$$\text{SST} = \sum_{i=1}^{n} w_i (y_i - \bar{y}_i)^2$$

"确定系数"是通过数据的变化来表征一个拟合的好坏，通过表达式可知其正常取值范围为 [0，1]，越接近 1，方程的变量对 y 的解释能力越强，模型对数据拟合得也越好。

$$R^2 = 1 - \frac{\sum_{i=1}^{n}(y_i - \hat{y}_i)^2}{\sum_{i=1}^{n}(y_i - \bar{y}_i)^2}$$

c. DFE（残差平方和自由度）：计算某一统计量时，取值不受限制的变量个数。

$$\text{DFE} = 数据点个数\ n - 被限制的变量个数\ k - 1$$

d. Adj R-square（调整自由度以后的残差的平方）。

$$\text{Adj R-square} = 1 - \frac{\text{SSE/DFE}}{\text{SST/DFT}}$$

其中，总体平方和自由度 DFT = 数据点个数 $n - 1$。

数值越接近1，说明曲线的拟合效果越好。

e. RMSE（标准差）：方差（MSE）的平方根，而 MSE 是预测数据和原始数据对应点误差的平方和的均值，因而 RMSE 越接近0，拟合效果越好。

$$\text{RMSE} = \sqrt{\text{MSE}} = \sqrt{\frac{\text{SSE}}{n}} = \sqrt{\frac{1}{n}\sum_{i=1}^{n}w_i(y_i - \hat{y}_i)^2}$$

拟合结果如表 2-22 所示：

表 2-22　各交通流态车速分布拟合结果

交通流状态	拟合结果	参数估计		非参数估计
		正态分布	Weibull-3 分布	高斯多峰拟合
自由流	SSE	4.087 5e-04	7.398 9e-05	8.160 1e-06
	R-square	0.985 9	0.997 4	0.999 7
	DFE	97	97	88
	Adj R-square	0.985 6	0.997 4	0.999 7
	RMSE	0.002 1	8.733 7e-04	3.045 1e-04
稳定流	SSE	0.001 4	0.0014	1.6119e-06
	R-square	0.705 8	0.718 3	0.999 7
	DFE	97	97	88
	Adj R-square	0.699 7	0.712 5	0.999 6
	RMSE	0.003 9	0.003 8	1.353 4e-04

续上表

交通流状态	拟合结果	参数估计		非参数估计
		正态分布	Weibull-3分布	高斯多峰拟合
拥挤流	SSE	9.8207e-04	7.1259e-04	3.0919e-06
	R-square	0.9599	0.9709	0.9999
	DFE	97	98	88
	Adj R-square	0.9590	0.9706	0.9999
	RMSE	0.0032	0.0027	1.8744e-04

拟合结果表明：

高斯多峰非参数估计的自由度均小于参数估计的自由度，表明非参数估计拟合被限制的变量个数更多，难以反映表达数据的分布特征。

Weibull-3分布、正态分布和高斯多峰非参数估计均能很好地拟合各个交通流态下的车速分布。其中，高斯多峰非参数估计的拟合结果 Adj R-square 值均达到了 0.999 以上，拟合效果非常好；而 Weibull-3 分布的拟合效果均比正态分布好，表明相比于正态分布，各个交通流态下的速度分布更服从 Weibull-3 分布模型。

自由流和拥挤流态下的车速 Weibull-3 分布拟合结果 Adj R-square 分别为 0.9974 和 0.9706，拟合效果非常好，而稳定流态下拟合结果 Adj R-square 值为 0.7125，也大于 0.7，可总体认为不同交通流态下速度分布基本服从 Weibull-3 分布。

综合上述分析，可认为自由流、稳定流和拥挤流态下车速分布均服从 Weibull-3 分布模型，其概率密度函数表达式如下：

自由流：
$$f(v) = \frac{11.48}{77.6}\left(\frac{v-20.7}{77.6}\right)^{10.48} \exp\left[-\left(\frac{v-20.7}{77.6}\right)^{11.48}\right]$$

稳定流：
$$f(v) = \frac{4.021}{88}\left(\frac{v+12.71}{88}\right)^{3.021} \exp\left[-\left(\frac{v+12.71}{28}\right)^{4.021}\right]$$

拥挤流：
$$f(v) = \frac{2.937}{28}\left(\frac{v+4.779}{28}\right)^{1.937} \exp\left[-\left(\frac{v+4.779}{28}\right)^{2.937}\right]$$

2.3.2.4 不同大车比例下运行车速分布特征分析

考虑大车比例对运行车速的影响，对前述研究中的开阳高速公路 2016 年 2 月采集数据进行描述性统计和频率分布分析，如表 2-23、图 2-35 所示。

表2-23　开阳高速不同大车比例下运行车速统计参数描述

大车比例		0～1	1～2	2～3	3～4	4～5	5～6	6～7	7～8
N 有效		38002	114	337	260	223	131	98	97
缺失		0	37 888	37 665	37 742	37 779	37871	37 904	37 905
均值		85.05	60.42	53.94	49.49	49.02	50.04	32.66	37.32
标准差		22.63	14.24	24.17	32.69	35.34	37.12	31.89	35.16
全距		119.50	56.57	86.19	94.72	94.85	95.88	97.40	95.85
极小值		0.50	33.84	15.14	10.68	9.45	7.29	8.40	6.00
极大值		120.00	90.41	101.33	105.40	104.30	103.18	105.80	101.85
百分位数	15	63.92	44.90	28.56	19.02	16.03	13.98	11.78	10.20
	85	101.60	75.14	87.05	93.06	95.68	95.46	89.94	88.10
大车比例		8～9	9～10	10～12	12～13	13～16	16～20	20～35	>35
N 有效		52	91	52	50	37	44	62	41
缺失		37 950	37 911	37 950	37 952	37 965	37 958	37 940	37 961
均值		36.35	35.22	35.62	41.81	30.13	35.30	31.16	17.23
标准差		34.81	35.55	35.09	38.06	34.3	38.61	35.36	27.07
全距		92.92	101.67	91.67	94.75	95.29	99.00	95.00	102.00
极小值		8.33	3.73	6.00	7.25	5.57	3.80	4.33	1.00
极大值		101.25	105.40	97.67	102.00	100.86	102.80	99.33	103.00
百分位数	15	10.65	9.29	8.99	10.71	7.34	7.05	6.00	4.00
	85	90.85	90.55	88.05	94.26	85.19	92.35	85.91	36.64

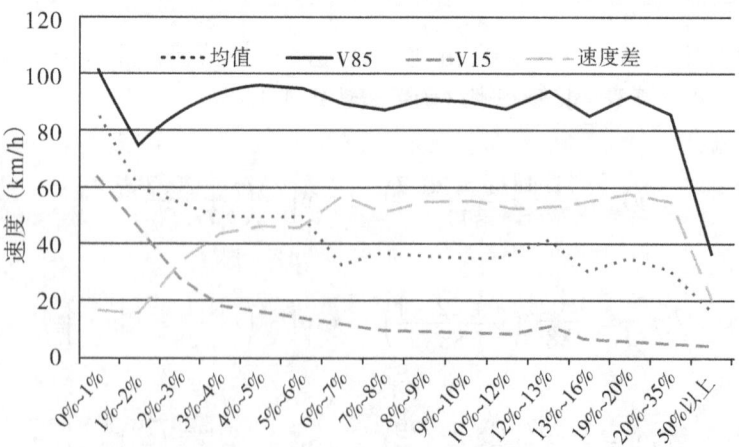

图2-35　大车比例对运行车速特征参数的影响规律

由图 2-35 可知，随着大车比例在 0%～2% 内递增，运行车速均值、V85 和 V15 均急剧下降，在大车比例区间为 2%～35% 内运行车速均值和 V15 缓慢递减，其间均值偶有小幅增加，而 V85 基本稳定不变，说明在此大车比例区间运行车速 V85 基本影响不大。而运行速度差 Δv 值在 2%～5% 内急剧增加，5%～35% 内保持稳定，35% 后急剧减少。

2.3.2.5 特征总结

经调研，车速在车辆行驶不受外界干扰，车辆互相之间影响较小的自由流情况下，均呈现正态分布特征。其中，小客车的速度峰值（90～95 km/h）＞大客车速度峰值（85～90 km/h）＞大货车速度峰值（75～80 km/h）。

车辆在受到环境、事故等外界的诸多干扰的复杂流态下，呈现不规则分布，用核密度函数对车速的分布进行总体估计，并得到相应的速度分布模型。对车速频率分布曲线进一步分析发现，在速度值为 18 km/h、46 km/h 和 98 km/h 处出现峰值，研究中采用改进的二分 K-FCM 聚类算法对交通运行状态判别分析，将交通运行状态分为自由流、稳定流和拥挤流三种状态，发现各流态众数恰好近似对应三个速度频率分布波峰速度值。进一步利用 MLE-LM 算法模型对各流态速度数据进行拟合，发现各交通流态下高斯多峰非参数估计的 Adj R-square 值均达到了 0.999，但其自由度均比参数估计小，表明非参数估计虽能很好地拟合分布数据，但其被限制的变量个数更多，难以反映表达数据的分布特征；而 Weibull-3 分布的拟合结果 Adj R-square 值分别为 0.997、0.713 和 0.971，均比正态分布拟合结果好，且均大于 0.7，故总体认为不同交通流态下速度分布基本服从 Weibull-3 分布。

通过对改扩建旧路在自由流和复杂流态下的车速分布进行分析，得到运行速度 V85 值和车速分布模型及运行速度差值变化规律，为项目下一步开展改扩建公路现状道路安全性分析、通行能力分析及车道数决策提供理论依据。

2.4 本章小结

高速公路改扩建工程道路旧路交通条件及其变化趋势，对驾驶员的驾驶行为及其车辆的运行特性等都将产生深刻的影响，并会进一步影响改扩建指标选取过程。本章首先对表征旧路交通条件的交通流特征参数的采集内容及手段进行阐述，然后根据高速公路改扩建工程的特点，系统介绍了改扩建工程现状道路交通数据采集目的、内容和方法，包括拟改扩建高速公路旧路交通量、交通组成和速度分布特征分析方法，并以惠深高速和开阳高速改扩建工程为例，将理论方法应用于实际工程之中。本章提出利用 MLE-LM 算法模型对二分 K-FCM 模型聚类下的各交通流态速度频率进行分布拟合，认为不同交通流态下速度分布均基本服从

Weibull 三参数分布,并通过统计分析得到运行速度 V85 值和车速分布模型及运行速度差值变化规律。

这些分析方法和理论模型的构建,为后续高速公路改扩建工程设计标准及安全优化理论提供分析方法和依据。

第3章 拟改扩建高速公路现状道路通行能力瓶颈特征分析

分析现状道路与周边连接道路的互通立交等因素的制约与影响，从路网的角度来分析道路的通行能力，总结旧路通行能力瓶颈分布特征，是高速公路改扩建的一个重要环节。

3.1 概述

3.1.1 通行能力

（1）通行能力的分类及其定义

确定道路通行能力的种类主要考虑两点：一是通行能力分析必须与运行质量相联系；二是需要有一种具体道路均能与之对比的基本参照通行能力。因此，通行能力按作用可分为三种：

①基本通行能力。指道路组成部分在理想的道路、交通、控制和环境条件下，该组成部分一条车道或一车行道的均匀段上或一横断面上，无论服务水平如何，1 h 所能通过标准车辆的最大车辆数。

②可能通行能力。指一已知道路的一组成部分在实际或预测的道路、交通、控制及环境条件下，该组成部分一条车道或一车行道对上述诸条件有代表性的均匀段上或一横断面上，无论服务水平如何，1 h 所能通过的车辆（在混合交通道路上为标准车辆）的最大车辆数。

③设计通行能力。指一设计中的道路的一组成部分在预测的道路、交通、控制及环境条件下，该组成部分一条车道或一车行道对上述诸条件有代表性的均匀段上或一横断面上，在所选用的设计服务水平下，1h 所能通过的车辆（在混合交通道路上为标准汽车）的最大车辆数。

（2）理想条件

理想条件原则上是指对条件进一步提高也不能提高基本通行能力的条件。高速公路基本路段的理想条件如下：

①车道宽度：3.75～4.5 m；

②侧向净宽≥1.75 m；

③车流中全部为小客车；

④驾驶员均为经常行驶高速公路且技术熟练、遵守交通法规者。

高速公路基本路段的交通流的运行情况会因上游和下游瓶颈点压缩交通流的条件不同而有很大变化。瓶颈处包括匝道的合流处、交织区、车道数减少地段以及正在维修保养的路段、事故发生地点和路上有交通障碍的地方。一个事件不一定都是以阻塞车道的形式形成瓶颈。

3.1.2 公路服务水平概述

（1）公路服务水平的定义

公路服务水平是交通流中车辆运行的以及驾驶员和乘客所感受的质量量度，亦即公路在某种交通条件下所提供运行服务的质量水平。

（2）公路服务水平的分级及各服务水平的运行质量描述

我国《公路工程技术标准》（JTG B01—2014）（以下简称《标准 2014》）将公路服务水平分为 6 级，各级服务水平的一般描述如下：

一级服务水平：交通流处于完全自由流状态。交通量小，速度高，行车密度小，驾驶员能自由地按照自己的意愿选择所需速度，行驶车辆不受或基本不受交通流中其他车辆的影响。在交通流内驾驶的自由度很大，为驾驶员、乘客或行人提供的舒适度和方便性非常优越。较小的交通事故或行车障碍的影响容易消除，在事故路段不会产生停滞排队现象，很快就能恢复到一级服务水平。

二级服务水平：交通流状态处于相对自由流的状态，驾驶员基本可按照自己的意愿选择行驶速度，但是开始要注意到交通流内有其他使用者，驾驶员身心舒适水平很高，较小交通事故或行车障碍的影响容易消除，在事故路段的运行服务情况比一级差些。

三级服务水平：交通流状态处于稳定流的上半段，车辆间的相互影响变大，选择速度受到其他车辆的影响，变换车道时驾驶员要格外小心，较小交通事故仍能消除，但事故发生路段的服务质量大大降低，严重的阻塞后面形成排队车流，驾驶员心情紧张。

四级服务水平：交通流处于稳定流范围下限，但是车辆运行明显地受到交通流内其他车辆的相互影响，速度和驾驶的自由度受到明显限制。交通量稍有增加就会导致服务水平的显著降低，驾驶人员身心舒适水平降低，即使较小的交通事故也难以消除，会形成很长的排队车流。

五级服务水平：为交通流拥堵流的上半段，其下是达到最大通行能力时的运行状态。对于交通流的任何干扰，例如车流从匝道驶入或车辆变换车道，都会在交通流中产生一个干扰波，交通流不能消除它，任何交通事故都会形成长长的排队车流，车流行驶灵活性极端受限，驾驶人员身心舒适水平很差。

六级服务水平：是拥堵流的下半段，是通常意义上的强制流或阻塞流。这一服务水平下，交通设施的交通需求超过其允许的通过量，车流排队行驶，队列中的车辆出现停停走走现象，运行状态极不稳定，可能在不同交通流状态间发生突变。

（3）最大服务交通量

每一服务水平有其服务质量的范围。因此，除六级服务水平外，各级服务水平都有相应于该级服务水平最差时的服务交通量，该服务交通量在该级服务水平中是最大的，故称最大服务交通量。

（4）高速公路设计采用的服务水平等级

高速公路基本路段、匝道—主线连接处、交织区均采用二级服务水平。但在不得已的情况下,匝道—主线连接处及交织区可降低要求采用三级服务水平。

3.2 高速公路通行能力分析

3.2.1 高速公路的组成

根据高速公路上交通流的不同运行特性可以将高速公路划分为基本路段、交织路段、匝道影响区三个部分。

(1) 高速公路基本路段:是指主线上不受匝道附近车辆汇合、分离以及交织运行影响的路段部分。具体地讲,是指驶入匝道—主线连接处上游150 m至下游760 m以外、驶出匝道—主线连接处上游760 m至下游150 m以外以及表示交织区开始的汇合点上游150 m至表示交织区终端的分离点下游150 m以外的主线路段,如图3-1所示。

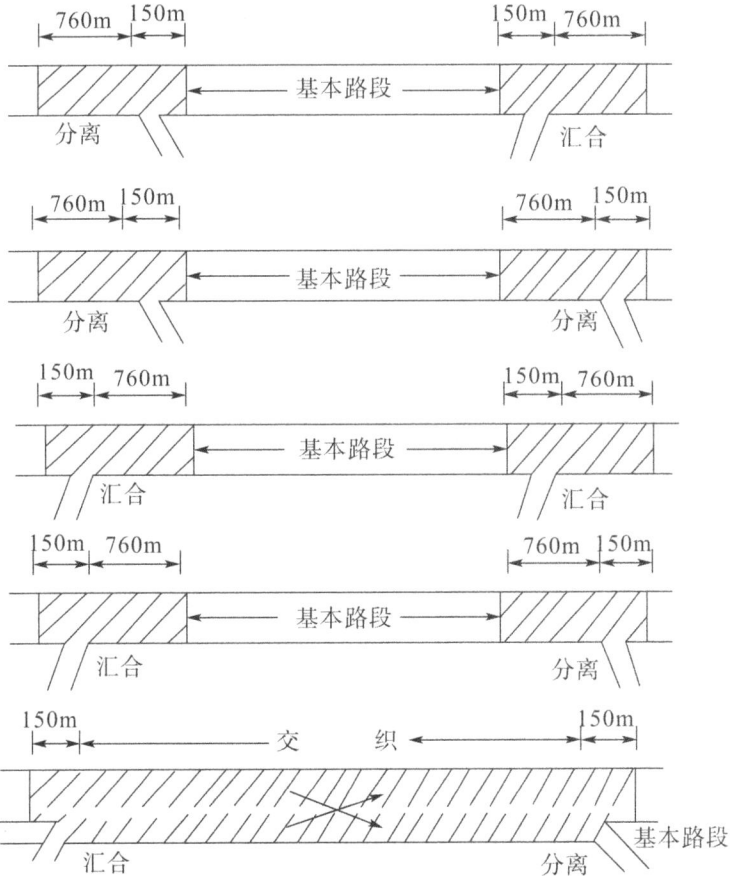

图3-1 高速公路基本路段示意图

(2) 交织路段：高速公路中有两条或两条以上的车流要互相横越通过彼此的车道。当在合流区后有分流区时，形成交织路段。当驶入匝道后有驶出匝道，并且两者有辅助车道连接的情况下，也会形成交织路段。交织区长度如图 3-2 所示。

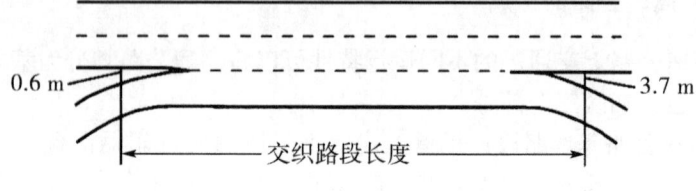

图 3-2　交织区长度测量示意图

(3) 匝道连接点：是指驶入匝道或驶出匝道与高速公路的交点，由于合流与分流车辆都集中在此处，因此在这一点附近形成紊乱区。

3.2.2　基本路段通行能力计算

(1) 最大服务通行能力

$$M_{SV_i} = C_B \cdot (V/C)_i \tag{3-1}$$

式中　M_{SV_i}——第 i 级服务水平的最大服务交通量（pcu/h/ln）；

C_B——基本通行能力，即理想条件下一车道所能通行的最大交通量（pcu/h/ln）；

$(V/C)_i$——第 i 级服务水平最大服务交通量与基本通行能力的比值。

《标准2014》采用 V/C 值来衡量拥挤程度，作为评价服务水平的主要指标，同时采用小客车实际行驶速度与自由流速度之差作为次要评价指标，将服务水平分为六级，分别代表一定运行条件下驾驶员的感受。具体的服务水平划分如表 3-1 所示。

表 3-1　高速公路基本路段服务水平分级表

服务水平	V/C 值	设计速度（km/h）		
		120	100	80
		最大服务交通量[pcu/(h·ln)]	最大服务交通量[pcu/(h·ln)]	最大服务交通量[pcu/(h·ln)]
一	$V/C \leq 0.35$	750	730	700
二	$0.35 \leq V/C \leq 0.55$	1200	1150	1100
三	$0.55 \leq V/C \leq 0.75$	1650	1600	1500
四	$0.75 \leq V/C \leq 0.90$	1980	1850	1800

续上表

服务水平	V/C 值	设计速度 (km/h)		
		120	100	80
		最大服务交通量 [pcu/(h·ln)]	最大服务交通量 [pcu/(h·ln)]	最大服务交通量 [pcu/(h·ln)]
五	$0.90 \leqslant V/C \leqslant 1.00$	2200	2100	2000
六	$V/C > 1.00$	0～2200	0～2100	0～2000

注：V/C 是在基准条件下，最大服务交通量与基本通行能力之比，基准通行能力是五级服务水平条件下对应的最大服务交通量。

(2) 单向车行道的设计通行能力

$$C_D = M_{SV_i} \cdot N \cdot f_w \cdot f_{HV} \cdot f_p \tag{3-2}$$

式中　C_D——单向车行道设计通行能力，即在具体条件下，采用 i 级服务水平时所能通行的最大交通量；

　　　N——单向车行道的车道数；

　　　f_w——车道宽度和侧向净宽对通行能力的修正系数；

　　　f_{HV}——大型车对通行能力的修正系数；

　　　f_p——考虑驾驶员条件对通行能力影响的修正系数。

影响高速公路基本路段通行能力的主要因素及修正方法如下：

①车道宽度及侧向净宽的修正系数 f_w（表3-2）。

表3-2　车道宽度和侧向净宽修正系数 f_w

侧向净宽 (m)	行车道一边有障碍物		行车道两边有障碍物	
	车道宽度 (m)			
	3.75	3.50	3.75	3.50
	有中央分隔带的四车道公路（每边2车道）			
≥1.75	1.00	0.97	1.00	0.97
1.60	0.99	0.96	0.99	0.96
1.20	0.99	0.96	0.98	0.95
0.90	0.98	0.95	0.96	0.93
0.60	0.97	0.94	0.94	0.91
0.30	0.93	0.90	0.87	0.85
0	0.90	0.87	0.81	0.79

续上表

侧向净宽 （m）	行车道一边有障碍物		行车道两边有障碍物	
	车道宽度（m）			
	3.75	3.50	3.75	3.50
有中央分隔带的六或八车道公路（每边有3或4车道）				
≥1.75	1.00	0.96	1.00	0.96
1.60	0.99	0.95	0.99	0.95
1.20	0.99	0.95	0.98	0.94
0.90	0.98	0.94	0.97	0.93
0.60	0.97	0.93	0.96	0.92
0.30	0.95	0.92	0.93	0.89
0	0.94	0.91	0.91	0.87

注：一些高级型式的中央带护栏如已为广大司机所熟悉且基本不影响其行驶时，可不作为障碍物；两边侧向净宽不足且不相等时，取两侧向净宽的平均值。

②大型车的修正系数 f_{HV}。

$$f_{HV} = \frac{1}{1 + P_{HV}(E_{HV} - 1)} \tag{3-3}$$

式中　P_{HV}——大型车交通量占总交通量的百分比；

　　　E_{HV}——大型车换成小客车的车辆换算系数，见表 3-3。

表 3-3　高速公路车辆折算系数

地形	平原微丘	重丘	山岭
大型车	1.7	2.5	3.0
小客车	1.0	1.0	1.0

注：大型车包括中型及重型载重货车、单车通道式大客车；小客车包括吉普车、摩托车、载重≤2 t货车、面包车；特定纵坡上坡路段应考虑坡值坡度、坡长另行换算。

凡在单一坡路段的坡度、坡长，以及几个上（或下）坡段的组合坡段的等效坡度坡长值符合表 3-4 或表 3-5 中的一项坡度、坡长值时，称为特定纵坡路段。

特定纵坡段的坡度、坡长范围即相应的上坡段大型车换算系数规定如下：

a. 当大型车中总重/功率为 122 kg/kW 左右及以下的车辆较多，成为影响设计通行能力的主要因素时，则特定上坡段的坡度、坡长范围内大型车换算系数 E_{HV} 值见表 3-4。

表 3-4 特定纵坡上坡路段（122 kg/kW）大型车换算系数 E_{HV} 值

坡度（%）	坡长（m）	四车道高速公路	六或八车道高速公路
2	≥1000	3	3
3	400~1000	3	3
	≥1000	4	4
4	<400	3	3
	400~800	4	4
	≥800	5	4
5	<300	4	4
	300~500	5	4
	500~1000	6	5
	≥1000	7	6
6	<300	5	4
	300~500	6	5
	500~1000	7	6
	≥1000	8	7

b. 当大型车中 177 kg/kW 左右或以上的车辆较多，对设计通行能力起主要影响时，则特定上坡段的坡度、坡长范围及 E_{HV} 值见表 3-5。

表 3-5 特定纵坡上坡路段（177 kg/kW）大型车换算系数 E_{HV} 值

坡度/%	坡长/m	四车道高速公路	六或八车道高速公路
2	≥1000	3	3
3	400~1000	3	3
	≥1000	4	4
4	<400	3	3
	400~800	4	4
	≥800	5	4
5	<300	4	4
	300~500	5	4
	500~1000	6	5
	≥1000	7	6

续上表

坡度/%	坡长/m	四车道高速公路	六或八车道高速公路
6	<300	5	4
	300~500	6	5
	500~1000	7	6
	≥1000	8	7

c. 当大型车中以 122 kg/kW 左右及以下大型车占主导地位时，纵坡坡度、坡长为3%、≥1000 m，4%、≥400 m 以及纵坡坡度大于4%的诸下坡路段；当大型车中以 177 kg/kW 左右及以上大型车占主导地位时，当坡度、坡长为2%、≥1200 m，4%、≥400 m 及坡度大于4%的诸下坡路段（不论单一坡段或组合坡段），E_{HV} 可应用同样坡度、坡长上坡段 E_{HV} 值的1/2。

d. 坡度、坡长小于③中所述范围的特定下坡路段的 E_{HV} 可应用表平原微丘地形中的 E_{HV} 值。

③驾驶员条件的修正系数 f_p。

根据驾驶员的技术熟练程度、遵守交通法规的程度、在高速公路上尤其是在所指高速公路或其相似的路段上的行驶经验以及驾驶员的健康状况，在 1.00 ~ 0.90 范围内取 f_p 值。

3.2.3 交织区段通行能力计算

（1）交织区参数

图 3-3 阐明和定义了交织区分析的变量。

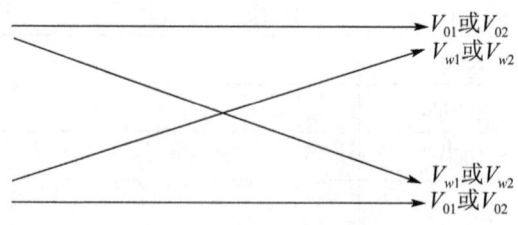

图 3-3 交织区分析的变量

表 3-6 影响交织区运行的参数

符号	含 义
L	交织区长度（m）
N	交织区内总车道数

续上表

符号	含 义
N_w	非约束运行状态时的交织车辆占用的车道数
$N_w(\max)$	某构型交织区中交织车辆可以占用的最大车道数
N_{nw}	非交织车辆占用的车道数
V	交织区内总流率（pcu/h）
V_{01}	交织区外侧两股交通流中的大者或非交织流率（pcu/h）
V_{02}	交织区外侧两股交通流中的小者或非交织流率（pcu/h）
V_{w1}	交织区交织流率中较大者（pcu/h）
V_{w2}	交织区交织流率中较小者（pcu/h）
V_w	交织区内交织总流率（pcu/h）（$V_w = V_{w1} + V_{w2}$）
V_{nw}	交织区内非交织总流率（pcu/h）（$V_{nw} = V_{01} + V_{02}$）
VR	流率比，交织区内交织流率和总流率的比（$VR = V_w / V$）
R	交织比，交织区内较小的交织流率和交织总流率的比（$R = V_{w2} / V_w$）
S_w	交织区内的交织车速（km/h）
S_{nw}	交织区内的非交织车速（km/h）
S	交织区内的所有车辆的车速（km/h）
D	交织区内所有车辆的车流密度（pcu/km/ln）
W_w	预测交织车速的交织强度系数
W_{nw}	预测非交织车速的交织强度系数

（2）交织区构型

车道变换是交织区关键的运行特征。根据每次交织所需变换车道次数确定交织区构型，分为三种主要的交织构型：A 型、B 型和 C 型交织段。3 种构型定义如下：

①A 型——为完成交织运行，两个交织方向的所有车辆都必须进行一次变换车道。

②B 型——一个方向的交织车辆不需要变换车道即可完成交织运行，但另一方向的交织车辆，必须变换一次车道才能完成交织运行；

③C 型——一个方向的交织车辆不需要变换车道即可完成交织运行，而另一方向的交织车辆，必须两次或两次以上变换车道才能完成交织运行。

（3）交织区服务水平

交织区服务水平标准见表 3-7。

表 3-7　交织区服务水平标准

服务水平	密度（辆小汽车/km/车道）	
	高速公路交织区	多车道公路和集散交织区
A	≤6.0	≤8.0
B	>6.0～12.0	>8.0～15.0
C	>12.0～17.0	>15.0～20.0
D	>17.0～22.0	>20.0～23.0
E	>22.0～27.0	>23.0～25.0
F	>27	>25

（4）交织区通行能力

能够导致车流密度值达到 E/F 级服务水平分界值的任意组合交通流量就是交织区通行能力值，对于高速公路，该分界值为 27 pc/km/ln。影响通行能力值随着下列因素的不同而变化：交织区构造型式、车道数、高速公路的自由流速度、交织区长度以及流量比，不同条件下交织区通行能力的数值详见《美国道路通行能力手册》。

3.2.4　匝道—主线连接点通行能力

匝道—高速公路的连接点是争夺交通需求空间的地方。上游高速公路交通在合流区与驶入匝道的车辆竞争空间。

（1）紊流区

①合流影响区。

在合流区单独驶入匝道的车辆试图在相邻高速公路车道的交通流中寻找"间隙"。由于大多数匝道设在高速公路的右侧，所以特别受到影响的高速公路车道是靠路肩的车道（《美国道路通行能力手册》中，高速公路的车道编号从路肩到路中心依次为 1 到 N）。

合流车辆驶入 1 车道使得匝道附近的交通流产生紊流。因此，高速公路上的车辆向左偏移以避免紊流。研究表明，合流车辆对以下车道的影响最大：1 车道、2 车道以及加速车道从合流点延长到下游 450 m 的距离。

②分流影响区。

在驶出匝道时，基本运行方式是分流，也就是说，由一股车流分为两股车流。驶出匝道的车辆需要占用与驶出匝道相邻的车道。例如，对于驶出匝道在右侧的情况，驶出车辆就会占用 1 车道。因此，当驶向驶出匝道时，要分流的车辆会靠向右侧行驶，从而影响高速公路上的其他车辆。其他车辆就要向左靠近，以避免接近分流区域的紊流。研究表明，分流区紊流程度最严重的区段是：1 车道、2车道以及减速车道的从分流点到上游450 m的距离。

（2）关键参数

影响匝道—高速公路连接点运行情况的因素有很多，包括影响高速公路基本路段运行的因素，即车道宽、侧向净宽、地形、驾驶员总体特征和重型车辆的比例。除此之外，还包括有关匝道—高速公路连接点运行的其他重要因素：加、减速车道的长度，匝道上的自由流速度和上游交通流的车道分布情况。

加、减速车道的长度对合流和分流的运行有重大的影响。加、减速车道的长度过短，会限制驶入匝道的车辆进行充分加速，同样会限制驶出匝道的车辆进行充分减速。结果导致车辆的大部分加速或减速都在高速公路上进行，从而干扰了高速公路上的直行车辆。加速车道过短还会迫使1车道上的车辆大大减速甚至停车，以获得和驶入车辆保持一定的车头间距。

影响匝道上自由流速度的特征包括匝道的曲率、车道数目、坡度、视距及其他因素。此外，高速公路上的自由流速度是一个重要的影响因素。因为自由流速度决定合流车辆驶入加速车道的速度及分流车辆驶入匝道的速度，也就是说它决定了合流或分流车辆的加速度或减速度。匝道上的自由流速度在30 km/h至80 km/h之间变化。最好是在现场确定自由流速度。如果不能预测或量测，则可以考虑用55 km/h的缺省值。

影响驶入或驶出匝道上游交通车道分布的因素包括高速公路的车道数、临近的上游和下游的匝道和这些匝道上的交通运行情况。由于大量交通流涌入车道1和车道2，因此合流和分流运作就变得更为困难。因此，估算拥向高速公路1车道和2车道（即包含在合流和分流影响区内的高速公路车道）的上游车流是很重要的。

（3）服务水平

所有稳定运行条件下的合流区（和分流区）的服务水平用车流密度来判断，分别用A级到E级表示。当从合流区驶出的总流率超过下游高速公路路段通行能力时会出现F级服务水平，对这种情况没有给出任何车流密度。

合流和分流区服务水平标准列于表3-8中给出的A到E级服务水平的车流密度值的假设是稳定运行、合流影响区内没有出现交通中断。

表3-8 合流和分流区的服务水平标准

服务水平	密度（辆小客车/km/h）
A	≤6
B	>6～12
C	>12～17
D	>17～22
E	>22
F	需求超过通行能力

(4) 合流区通行能力值

合流区通行能力主要由下游高速公路路段通行能力决定。所以，上游高速公路和进口匝道到达的总流量不能超过驶离下游高速公路路段基本通行能力。没有证据显示合流的扰动会使下游高速公路路段的通行能力低于高速公路基本路段通行能力。

研究还表明能进入合流影响区的总流量有一个实际的上限。对于进口匝道，进入合流影响区的总流量包括 V_{12} 和 V_R。所以，进入匝道影响区的总流率可以用下式表示。

$$V_{R12} = V_{12} + V_R$$

表3-9列出了下游高速公路总流率（$V = V_F + V_R$）的通行能力流率和进入匝道影响区的总流率的最大期望值（V_{R12}）。对于一个给定的分析可能出现两个情况。首先，驶出的总流率（V）可能超过下游高速公路路段的通行能力，将会出现堵塞（F级服务水平），并且车辆从合流点开始将会向上游形成排队。当超过下游高速公路路段的通行能力时，不管进入匝道影响区的流率是否超过其通行能力，都处在F级服务水平。

表3-9 合流区通行能力值

高速公路自由流速度（km/h）	下游高速公路通行能力，C（辆小客车/h）				进入合流区的最大期望流率，V_{R12}（辆小汽车/h）
	单方向车道数				
	2	3	4	>4	
120	4800	7200	9600	2400/车道	4600
110	4700	7050	9400	2350/车道	4600
100	4600	6900	9200	2300/车道	4600
90	4500	6750	9000	2250/车道	4600

(5) 分流区通行能力值（图3-10）

在分流区应该检查的三个限制值分别是：能够从分流区驶出的总流率、驶离高速公路分岔路或匝道或两者的通行能力、在减速车道前能够进入1车道、2车道的最大流率。

在分流区，能够驶出的最大流率通常受进入分流区的高速公路车道通行能力的限制。在所有恰当的分流区设计中，离开分流区的车道数或者等于驶入的车道数或者比驶入车道多一条。

表 3-10 分流区通行能力值

高速公路自由流速度 (km/h)	靠近分流区高速公路车道的通行能力或离开分流区高速公路车道的通行能力 (pcu/h)				进入分流影响区的最大期望流率, V_{12} (pcu/h)
	单方向车道数				
	2	3	4	>4	
120	4800	7200	9600	2400/车道	4400
110	4700	7050	9400	2350/车道	4400
100	4600	6900	9200	2300/车道	4400
90	4500	6750	9000	2250/车道	4400

3.3 旧路常见瓶颈分析

高速公路旧路通行能力瓶颈是交通网络的薄弱环节，除了导致拥堵、道路服务水平下降、运行效率降低，还可能诱发道路交通事故，通常旧路通行能力瓶颈可分为常发性瓶颈和偶发性瓶颈，常发性瓶颈包括横断面宽度变化地段、匝道的合流处、交织区、大车比例高的爬坡路段以及正在维修的路段、事故发生地点和路上有交通障碍的地方。改扩建工程应注重这些瓶颈位置在交通运行系统中的作用，提高总体道路和路网的运行效率。

3.3.1 横断面宽度变化段

高速公路的路基横断面由行车道、路缘带、中间带、硬路肩、土路肩、紧急停车带、爬坡车道、加（减）速车道等组成。根据 3.2 节中对通行能力的分析可知，当单向车行道的车道数、车道宽度和侧向净宽发生变化时，由于修正系数的取值不同，对应的通行能力也发生改变。具体修正系数的确定根据实际路段的道路条件进行取值，见表 3-2～表 3-5。高速公路前后衔接的两段通行能力不一致时，如果面临的交通需求超过了某一路段的通行能力，在路段的上游将立即形成排队成为一个瓶颈。高速公路横断面宽度变化路段主要发生在隧道出入口、桥梁路段等地方。

3.3.2 爬坡路段

由于高速公路中重型车对交通流的影响，在重型车达到一定比例时一些爬坡路段可能成为瓶颈。

由 3.2 节中有关重型车对交通量的修正可知，在分析有坡度的公路路段时，重车的折算系数非常重要。在平坦地段和接近通行能力的条件下，货车的运行状态与小客车类似，因此折算系数接近 1。

重型车对交通流的影响取决于纵坡状况和交通组成。通常对公路交通流状况产生重大影响而形成交通瓶颈处如下：

①特殊纵坡。

特殊纵坡指的是任何小于3%的纵坡超过1.0 km和大于或等于3%的纵坡超过0.5 km的路段，因其对交通流产生显著影响，必须作为特殊路段分析。如果纵坡较长，那么货车将被迫减速至爬坡速度，才能维持均速行驶，爬坡速度与纵坡长度有关系。在分析特殊纵坡通行能力时，确定货车在哪个地点速度最低很重要，在该点处货车对交通流的影响最严重。因此，评估货车车速的合适地点不一定是整个路段的终点。

②特殊地形。

平原地形的坡度和平面线形或纵断面线形的所有组合都能保证重型车保持与小客车相同的车速，这种地形包括小于等于2%的短纵坡。

丘陵地形的坡度和平面线形或纵断面线形的组合使重型车车速明显低于小客车车速，但还没有使重型车在相当长的时间内或频繁以"爬坡车速"行驶。

山岭地形的坡度和平面线形或纵断面线形的组合导致重型车在相当长的距离上或频繁以爬坡速度行驶。

在分析瓶颈时应对丘陵和山岭地形不同的坡度和平面线形或纵断面线形的组合进行分别分析。

3.3.3 交织区

由3.2.3节对不同类型的交织区通行能力的分析可知，具有以下情况的交织区可能形成交通瓶颈（流量比VR为交织区内交织流量和总流量的比）：

①在流量比VR大于0.45的条件下，三车道A型交织区不能很好地运行，这时可能会出现低效率的运行和局部一些车辆排队；

②在流量比VR大于0.35的条件下，四车道A型交织区不能很好地运行，这时可能会出现低效率的运行和局部一些车辆排队；

③在流量比VR大于0.20的条件下，五车道A型交织区不能很好地运行，这时可能会出现低效率的运行和局部一些车辆排队；

④在流量比VR大于0.80的条件下，B型交织区不能很好地运行，这时可能会出现低效率的运行和局部一些车辆排队；

⑤在流量比VR大于0.50的条件下，C型交织区不能很好地运行，这时可能会出现低效率的运行和局部一些车辆排队。

3.3.4 合流区、分流区

合流区中，最可能导致交通中断形成瓶颈的原因是离开高速公路的需求流率超过了离开高速公路（下游）车道的通行能力。在分流区中，交通中断则最常出现在出口匝道的需求流率超过匝道通行能力的时候，或离开高速公路的需求流率超过高速公路下游车道通行能力的时候，在这种情况下，将在分流区自身的上游观测到排队车辆。当进口匝道的需求流率超过其通行能力（此时，没有其他通行能力不足的情况）时，交通中断不会发生在匝道—高速公路连接处，而会在匝道—入口的交叉点。

3.4　旧路瓶颈识别方法

在3.3节中对高速公路常见瓶颈路段进行了分析，在此基础上，提出一种通用的瓶颈识别方法，瓶颈识别步骤如下：

（1）按方向收集各设施数据

数据包括分析路段在长度、路段数量和几何属性等方面的情况。表3-11总结了分析过程中需要的数据。

表3-11　高速公路系统分析所需数据

每一路段的几何数据
路段长度（m）
主线车道数
主线平均车道宽度（m）
主线侧向净空（m）
地形（平原、丘陵或者山岭）
匝道的车道数
匝道的加速车道或减速车道长度（m）
交通特性数据
主线自由流速度（km/h）（可选）
车辆载客数（人/车）
货车的百分比（%）
驾驶人的通勤（总体特性或休闲）
匝道自由流速度（km/h）
交通需求数据
每一时间间隔进入主线的交通需求
每一时间间隔的进口匝道交通需求
每一时间间隔的出口匝道交通需求
交织段上的交织需求

（2）建立空间和时间分析单元

将分析系统转换为以交通流需求发生变化的地点（如进口匝道或出口匝道）

或者路段通行能力发生变化的地点（如车道减少或者车道增加）为界限的路段，如图3-4所示，并建立时间单元，如分析时段。

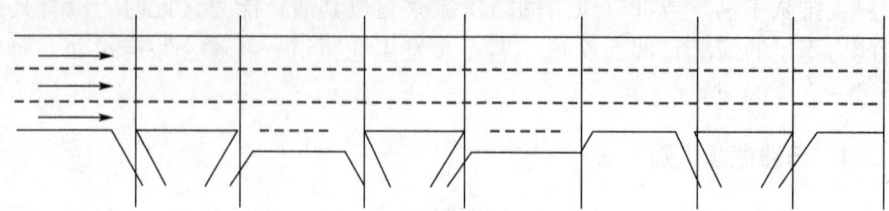

图3-4　高速公路系统的时空图

（3）采用牌照法调查各路段在不同时段满足精度要求的样本容量下的时间延误，计算延误指标。

①牌照法调查引道时间所需的最小样本数可按下式确定：

$$N = \left(\frac{S_t K}{E_t}\right)^2 \quad (3-4)$$

式中　S_t——引道时间的样本标准差，通常取 $S_t = 15$ s；

　　　K——所需要的置信度下的 K 值，若取置信度为95%，$K = 1.96$；

　　　E_t——引道时间的容许误差，通常取 $E_t = 5$ s。

按照推荐取值，可计算得 $N = 34$。

②采用牌照法调查不同路段单元不同时段的行车延误，整理调查样本数据，整理表格如表3-12所示，计算置信度为95%的平均每辆车引道延误及其区间估计。

表3-12　路段单元实际耗时调查结果整理分析表

调查地点：		时间：	天气：	样本量：		
组别	组区间（s）	记 t_i（s）	f_i^*（辆）	f_i（%）	$f_i^* t_i$（辆·s）	$f_i^* t_i^2$（辆·s²）
1	0～10					
2	10～20					
3	20～30					
…	…					
	合计					

注：t_i：组中值（s）；f_i^*：观测数（辆）；f_i：频率。

平均路段单元实际耗时：

$$\overline{T} = \frac{\sum f_i^* t_i}{N} \quad (3-5)$$

样本标准差：

$$s_t = \sqrt{\frac{\sum f_i^* t_i^2}{N-1} - \frac{(\sum f_i^* t_i)^2}{N(N-1)}} = (\text{s}) \quad (3-6)$$

路段单元实际耗时的容许误差：

$$E_t = \frac{S_t \times K}{\sqrt{N}}(\text{s}) \quad (3-7)$$

路段单元自由行驶时间：

$$\overline{T}_t = \frac{\text{路段单元长度}}{\text{自由行使速度}}(\text{s}) \quad (3-8)$$

于是，每辆车路段单元延误：

$$\overline{D} = \overline{T} - \overline{T}_t(\text{s}) \quad (3-9)$$

总体区间估计为：

$$\overline{D} \pm \max E_t(\text{s}) \quad (3-10)$$

(4) 我国将道路服务水平分为六级，且各级服务水平对应的交通流状态与《美国道路通行能力手册》对各级服务水平的描述相符。由于我国目前对各个服务水平的延误时间没有定义，故可根据《美国道路通行能力手册》中对各级服务水平对应的 V/C 和平均延误时间的划分，找出不同时段的路段单元瓶颈(即 $V/C \geq 1$ 的路段单元)。

表3-13 《美国道路通行能力手册》各级服务水平对应的 V/C

服务水平	A	B	C	D	E	F
饱和度	0.40	0.60	0.75	0.90	1.00	1.2

表3-14 《美国道路通行能力手册》服务水平划分

服务水平	平均延误时间/s
A	≤5.0
B	5.1～15.0
C	15.1～25.0
D	25.1～40.0
E	40.1～60.0
F	>60.0

(5) 对分析高速公路系统不同路段单元不同时间段的服务水平进行汇总分析，将路段单元服务水平为 E 或 F 级别出现次数进行排序，定义出现饱和度 ≥1（即服务水平为 E 或 F 级别）统计频数最高的 15% 范围内路段为最大可能瓶颈处（15% 为参考值，应根据不同高速公路的交通特征进行界定）。

3.5 本章小结

现状道路与周边连接道路的互通立交的通行能力以及影响因素是确定高速公路改扩建规模的重要依据,从路网的角度来分析道路的通行能力,并找出旧路通行能力瓶颈分布特征,是高速公路改扩建的一个重要环节。本章系统阐述了各类基本路段单元的通行能力计算和修正方法。在此基础上,对高速公路系统的常见瓶颈路段特征进行了分析,并提出了一种通用的瓶颈识别方法。

第4章 拟改扩建高速公路现状道路安全性分析

早期高速公路建设时各类指标按照当时实施的规范和标准展开，部分指标已不能满足现行的规范和标准。简单地对旧路进行拓宽，解决不了旧路线形存在的问题，反而可能会加剧已有的隐患，而原来不会发生事故的地方也可能会形成新的事故黑点。针对高速公路现状道路的线形指标，进行安全性分析，并提出在新旧规范衔接下的改扩建工程优化方案必不可少。

4.1 指标符合性检查

4.1.1 平面线形

平面线形检查应核对平曲线最小半径、平曲线最大半径、缓和曲线最小长度、平曲线最小长度、同向曲线间直线最小长度、反向曲线间直线最小长度等主要技术指标规范符合性。

4.1.2 纵断面

纵断面设计指标主要有最大纵坡、凸型曲线最小半径、凹型曲线最小半径、竖曲线最小长度、最短纵坡长度、最大纵坡及长度等，应对这些指标进行核对。

4.1.3 横断面

横断面检查即需要对一般路段超高设置和加宽设置进行检查。

4.1.4 平纵组合

《公路路线设计规范》（JTG D20—2017）（以下简称《路线规范2017》）对线形组合提出了以下基本要求：

①线形组合设计中，各技术指标除应分别符合平面、纵断面规定值外，还应考虑横断面对线形组合与行驶安全的影响。应避免平面、纵断面、横断面的最不利值的相互组合的设计。

②在确定平面、纵断面的各相对独立技术指标时，各自除应相对均衡、连续外，也应考虑与之相邻路段的各技术指标值的均衡、连续。

③线性组合设计除应保持各要素间内部的相对均衡与变化节奏的协调外，还应注意同公路外部沿线自然景观的适应和地质条件等的配合。

④路线线形应能自然地诱导驾驶者的视线，并保持视觉的连续性。

在对高速公路工程平面线形和纵断面线形设计单项指标进行评价的基础上，进一步从以下六个方面对初步设计方案中平纵线形组合开展更深入的评价。

a. 有无急弯和陡坡相重叠的线形？
b. 平竖曲线重叠时，平曲线是否稍长于竖曲线？
c. 凸形竖曲线顶部和凹形竖曲线底部是否有小半径平曲线？
d. 凸形竖曲线的顶部和凹形竖曲线的底部，是否存在反向平曲线的拐点？
e. 直线上的纵断面线形是否存在驼峰、暗凹、跳跃等使驾驶员视线中断的线形？
f. 小半径竖曲线是否存在与缓和曲线相重叠的线形？

实践证明，长的平曲线内包含过多的竖曲线，当平曲线和竖曲线半径均较小时其视觉诱导效果较差，同时可能会导致驾驶员错误判断前方线形，从而引发交通事故。

国内、国外研究资料表明，当平曲线半径小于2000 m、竖曲线半径小于15 000 m时，平、竖曲线的相互对应对线形组合设计显得十分重要；随着平、竖曲线半径的增大，其影响逐渐减小；当平曲线半径大于6000 m、竖曲线半径为25 000 m时，对线形的影响就显得不敏感了。

4.1.5 视距

汽车行驶时驾驶员是通过视觉和运动感来感知立体线形的，视觉是联系公路与汽车的重要媒介。公路的线形、周围的景观、标志的表现以及其他与公路相关的信息，所有这些信息的85%以上都是通过视觉来提供的。因此公路线形应有足够的视距，以保证驾驶员能及时了解前方的公路状况和周边的瞬时环境，并能高度准确地预测公路的线形、纵坡，选择车道避让其他车辆及路上障碍物以及在紧急状态时能及时停车和避让危险。可见，足够的视距和清晰的视野，是保证安全行车最重要的因素，也是增强司乘人员视觉心理上的安全感和舒适感的重要因素。视距不良往往显著增加事故率，这在小半径弯道视距不良路段，小半径凸形竖曲线视距不良路段，交叉口以及超车视距不足地段尤为明显。因此，需要对全线平曲线上的停车视距进行检查，探明视距不良路段。

①小客车停车视距。

小客车的停车视距是汽车以特定速度行驶时，普通驾驶员在驶抵车道上的障碍物之前能做出反应并安全停车所需的最短距离。小客车停车视距采用路段运行速度预测值计算。当采用路段运行速度值计算的停车视距大于设计速度对应的停车视距时，应采取措施增大停车视距。停车视距可按公式（4-1）进行计算。

$$S_c = \frac{v_{85}t}{3.6} + \frac{(v_{85}/3.6)^2}{2gf} \qquad (4-1)$$

式中　S_c——小客车停车视距（m）；
　　　v_{85}——运行速度的计算值（km/h）；
　　　t——空驶时间，即反应时间，取2.5 s（判断时间1.5 s，运行1.0 s）；

g ——重力加速度,取 9.8 m/s²;

f ——纵向摩阻系数,依运行速度和路面状况而定。

《公路项目安全性评价规范》(JTG/T B05—2015)(以下简称《安评规范 2015》)中根据上述公式计算出的实际运行速度的停车视距见表 4-1。

表 4-1 小客车停车视距计算表

运行速度 (km/h)	反应时间 (s)	摩阻系数	制动停车距离 (m)	视距(m)	公路工程技术 标准的值
120	2.5	0.29	279	280	210
110	2.5	0.29	241	245	
100	2.5	0.30	201	205	160
90	2.5	0.30	169	170	
80	2.5	0.31	137	140	110
70	2.5	0.32	109	110	
60	2.5	0.33	85	90	75

《路线规范 2017》本身也规定了根据设计速度进行视距验算的办法,计算式和上式相同,但是计算时取的是 v_{85} 行驶速度,计算时速度取值不同造成《路线规范 2017》和《安评规范 2015》计算结果不一致。《路线规范 2017》中路面处于潮湿状态下的小客车停车视距见表 4-2。

表 4-2 潮湿状态下小客车停车视距

设计速度(km/h)	运行速度(km/h)	摩阻系数	计算值(m)	规定值(m)
120	102	0.29	212.0	210
100	85	0.30	153.7	160
80	68	0.31	105.9	110
60	54	0.33	73.2	75

②大货车停车视距。

在停车视距方面,货车与小客车相比有以下缺点:

a. 空车制动性能差;

b. 轴间不均匀荷载;

c. 铰接货车刹车不灵;

d. 道路曲率影响。

尽管载重车驾驶员由于视点高能看得见相当远处障碍物的垂直面,并且速度较慢,但这一优势不足以弥补货车不良的制动性能。特别在侧向视距受限制的地点,视点高也会丧失优势。所以需对货车所需视距单独进行计算。

货车停车视距采用以下公式进行计算。

$$S_t = \frac{v_{85}t}{3.6} + \frac{(v_{85}/3.6)^2}{2g(f+i)} \tag{4-2}$$

式中 S_c——小客车停车视距(m);
　　　v_{85}——运行速度的计算值(km/h);
　　　t——空驶时间,即反应时间;
　　　g——重力加速度,取 9.8 m/s²;
　　　i——路线纵坡度;
　　　f——货车轮胎与路面的纵向摩阻系数,不论运行速度大小,一律取值为 0.17。

《路线规范 2017》中对货车停车视距规定见表 4-3。

表 4-3　下坡段货车停车视距(m)

设计速度(km/h)		120	100	80	60	40
纵坡坡度	0	245	180	125	85	50
	3	265	190	130	89	50
	4	273	195	132	91	50
	5		200	136	93	50
	6			139	95	50
	7				97	50

《安评规范 2015》中对货车停车视距计算值及修正值如表 4-4、表 4-5 所示。

表 4-4　货车平坡视距计算条件表(m)

运行速度(km/h)	反应时间(s)	摩阻系数	货车停车距离(m)
110	2.5	0.17	356
100	2.5	0.17	301
90	2.5	0.17	251
80	2.5	0.17	202
70	2.5	0.17	158
60	2.5	0.17	120

表 4-5 上、下坡货车视距修正值（m）

运行速度	上坡			下坡		
	+2%	+4%	+6%	-2%	-4%	-6%
110	-29	-53	-73	56	86	153
100	-24	-44	-60	46	71	126
90	-20	-36	-49	38	58	102
80	-16	-28	-39	30	46	81
70	-12	-22	-30	23	35	62
60	-9	-16	-22	17	26	45

注：表中设计值按潮湿路面状态计算；对于半径小于 400 m 的平曲线段，应在坡度修正后，将停车视距加长 10%。

③横净距。

为提供行车视距，平曲线内必须保证一定的侧向净宽，这一侧向净宽称为横净距。它是行车轨迹与视距包络图之间的距离，横净距的计算公式见表 4-6。

表 4-6 规范中最小横净距计算公式

不设回旋线	$L > S, h = R_s\left(1 - \cos\dfrac{\gamma}{2}\right)$	$\gamma = \dfrac{180S}{\pi R_s}$
	$L < S, h = R_s\left(1 - \cos\dfrac{\alpha}{2}\right) + \dfrac{1}{2}(S - L_s)\sin\dfrac{\alpha}{2}$	$\gamma = \dfrac{180S}{\pi R_s}$
设回旋线	$L' > S, h = R_s\left(1 - \cos\dfrac{\gamma}{2}\right)$	$\gamma = \dfrac{180S}{\pi R_s}$
	$L > S > L'$ $h = R_s\left(1 - \cos\dfrac{\alpha - 2\beta}{2}\right) + \sin\left(\dfrac{\alpha}{2} - \delta\right) \cdot (l - l')$	$\delta = \arctan\left\{\dfrac{l}{6R_s}\left[1 + \dfrac{l'}{l} + \left(\dfrac{l'}{l}\right)^2\right]\right\}$ $l' = \dfrac{1}{2}(L_s - S)$
	$L < S, h = R_s\left(1 - \cos\dfrac{\alpha - 2\beta}{2}\right)$ $+ \sin\left(\dfrac{\alpha}{2} - \delta\right)l + \sin\dfrac{\alpha}{2}\dfrac{S - L_s}{2}$	$\delta = \arctan\dfrac{l}{6R_s}$

其中，h——最大横净距（m）；

S——视距（m）；

L——平曲线长度（m）；

L'——圆曲线长度（m）；

L_A——回旋线长度（m）；

R_s——曲线内侧行驶轨迹的半径（m），其值为未加宽前路面内缘的半径加上 1.5 m；

L_s——曲线内侧形式轨迹的长度（m）；

$α$——公路转角（°）；

$β$——回旋转角（°）；

$δ$——视距线所对的圆心角（°）。

不设回旋线时横净距计算如图 4-1 所示。

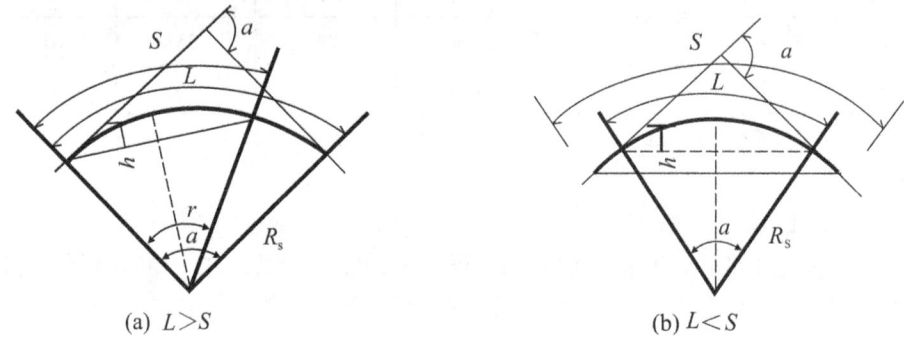

图 4-1　不设回旋线时横净距计算图

设回旋线时横净距计算如图 4-2 所示。

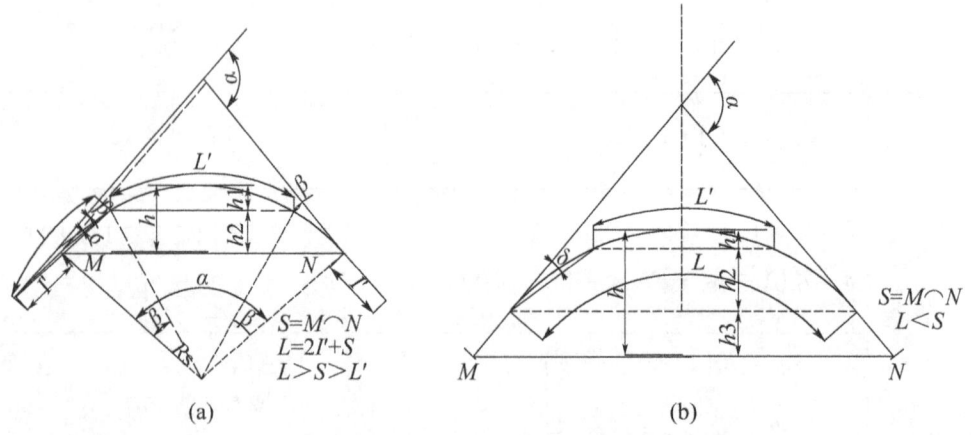

图 4-2　设回旋线时横净距计算图

④外侧车道停车视距。

挖方路段的山体、边坡、挡土墙等对曲线段行驶车辆的视距会产生一定的影响（图 4-3）。

图 4-3　边坡对视距的影响

⑤中央分隔带侧停车视距。

路基路段波形梁板面、中央分隔带内的绿化、桥梁路段的护栏与防眩板等对曲线段行驶车辆的视距会产生一定的影响（图 4-4）。

图 4-4　路基路段中央分隔带视距不足实例

4.1.6　合成坡度

合成坡度计算公式为：

$$I = \sqrt{i^2 + i_h^2} \tag{4-3}$$

式中　I——合成坡度；
　　　i——纵坡坡度；
　　　i_h——超高。

根据现行《路线规范 2017》的规定，最大的合成坡度见表 4-7。

表 4-7 公路最大合成纵坡

公路等级	高速公路、一级公路				二、三、四级公路				
设计速度（km/h）	120	100	80	60	80	60	40	30	20
纵坡坡度值（%）	10.0	10.0	10.5	10.5	9.0	9.5	10.0	10.0	10.0

4.2 运行车速协调性和连续性的评价

在国内外研究中，路线技术指标协调性评价主要通过运行车速以及道路事故率的预测解决。在道路运行车速预测方面比较成熟的理论成果主要有巴西车速模型、德国车速模型。运行车速的评价指标有相邻速度差值法、车速降低系数法、速度梯度法等。

华南理工大学土木与交通学院符锌砂教授课题组研究开发了高速公路安全性评价系统（HSEvas1.0），它是目前具有一定普遍性和适应性的安全性评价软件。从道路的平、纵、横线形，汽车的动力性能、刹车性能、行驶性能以及驾驶员的舒适性着手，建立了一种在给定道路线形条件下更接近于汽车实际行驶速度的理论预测速度，并基于理论运行速度建立了高速公路安全性评价指标及评价体系。在此基础上，采用 java 语言和 Eclipse 工具完成系统开发。系统主要功能是在给定公路线形设计资料的基础上进行理论运行车速的预测，以此为基础进行线形规范符合性检查以及评价指标量化计算，最后对公路线形的设计质量和安全性给出量化的评价指标，以指导对设计的改进和优化，确保公路设计质量和安全性。系统针对性强、方便、实用。

利用 HSEvas 1.0 系统主要从速度连续性及协调性、平曲线协调性及舒适性、竖曲线协调性、总体连续性评价指标、弯道密度评价等方面对高速公路全线进行评价。现对其评价指标及标准进行简要介绍。

4.2.1 速度连续性及协调性评价指标及标准

运行速度连续性评价是以运行车速与设计车速的差作为评价标准，运行速度协调性评价是用相邻路段运行速度差的比值 RV（相邻路段是指直线段、缓和曲线段、圆曲线段之间的组合）进行评价，RV 按下式进行计算：

$$RV = \left| \frac{v_i - v_{i-1}}{v_{i-1}} \right| \qquad (4-4)$$

式中　RV——相邻路段运行速度差的比值；

v_i——当前路段的运行速度；

v_{i-1}——前一路段的运行速度。

具体评价标准如表 4-8、表 4-9 所示。

表 4-8　运行速度与设计车速的差 Δv 作为评价标准的线形质量表

运行速度差值	协调性	改善建议
$\|\Delta v\|<10$ km/h	好	—
10 km/h $<\|\Delta v\|<20$ km/h 或 $\Delta v>20$ km/h	良	有提升设计速度的空间
$\Delta v<-20$ km/h	差	需重新调整平、纵面设计

表 4-9　以相邻路段运行速度差值的比值作为评价标准的线形质量表

运行速度差值的比值	协调性	改善建议
RV<0.1	好	—
0.1≤RV≤0.2 时	一般	条件允许时宜适当调整相邻路段技术指标
RV>0.2	较差	相邻路段需重新调整平、纵面设计

4.2.2　平曲线协调性及舒适性评价指标及标准

①协调性。

平曲线协调性评价指标是把路段上单独圆曲线半径和该路段上所有圆曲线半径的加权平均值的差值与此加权平均值的比值作为评价线形连续性的指标。对同一路段上各圆曲线数据用下式进行计算：

$$K_R = \frac{R_{设计值} - R_{加权平均值}}{R_{加权平均值}} \quad (4-5)$$

$$R_{加权平均值} = \frac{\sum R_i L_i}{\sum L_i} \quad (4-6)$$

式中　$R_{设计值}$——路段上圆曲线半径设计值（m）；

R_i——路段上第 i 个圆曲线半径（m）；

L_i——路段上第 i 个圆曲线长度（m）。

评价标准见表 4-10。

表 4-10　平曲线连续性评价质量表

K_R 比值	评价	改善建议
$0>K_R>-0.2$ 或 $0<K_R<0.4$	优	—
$-0.2>K_R>-0.4$ 或 $K_R>0.4$	良	—
$K_R<-0.4$	较差	条件允许时，综合考虑其他指标进行调整

②舒适性。

舒适性评价采用横向加速度指标，横向加速度是因平曲线的存在而产生的。

汽车在平曲线上行驶时，产生水平向外的离心力 F_R，一部分由平曲线上的超高抵消，剩余部分由人体感觉承受，人感觉不舒适时所承受的离心力大一些，反之，感到舒适时承受的离心力小一些。其横向加速度将随着时间的变化而变化，而横向加速度的变化率如果过快或者不连续，也必将使乘客有不舒适的感觉。评价标准如表 4-11 所示。

表 4-11　舒适性评价质量表

a	评价	改善建议
$a \leqslant 1.9 \text{ m/s}^2$	优	—
$1.9 \text{ m/s}^2 < a \leqslant 3.3 \text{ m/s}^2$	良	—
$a > 3.3 \text{ m/s}^2$	较差	条件允许时，综合考虑其他指标进行调整

4.2.3　竖曲线协调性评价指标及标准

该指标用单竖曲线率与平均竖曲线率的比值 K_V 来评价单个竖曲线在整个路段纵面线形中的状况，可对一个较长路段或全路线范围给出一个评价的结果，对于单个竖曲线的设计优劣则无法在该指标中反映。对同一路段纵断面数据按下式计算 K_V：

$$K_V = \frac{\text{VC} - \text{AVC}}{\text{AVC}} \quad (4-7)$$

$$\text{VC} = \frac{L}{|A|} \quad (4-8)$$

$$\text{AVC} = \frac{\sum \frac{L_i}{|A_i|}}{n} \quad (4-9)$$

式中　VC——单个竖曲线率；
　　　AVC——平均竖曲线率；
　　　L——单个竖曲线长度；
　　　$|A|$——单个竖曲线上坡度代数差的绝对值；
　　　L_i——路段上第 i 个竖曲线长度；
　　　$|A_i|$——路段上第 i 个竖曲线上坡度代数差的绝对值；
　　　n——路段竖曲线的个数。

评价标准如表 4-12 所示。

表 4-12 竖曲线协调性评价质量表

K_V 比值	评价	改善建议
$0 > K_V > -0.18$ 或 $0 < K_V < 0.36$	优	—
$-0.18 > K_V > -0.36$ 或 $K_V > 0.36$	良	—
$K_V < -0.36$	较差	条件允许时,综合考虑其他指标进行调整

4.2.4 总体连续性评价指标及标准

公路总体连续性评价的量化指标 C 是通过建立相应的理论模型,对全路线进行连续性评价,并得出量化指标。指标值的大小反映了线形的连续性程度,值越大,线形的连续性就越好。线形连续性评价的量化指标可用于不同路线方案间的比较选择,同时为道路安全审计提供依据。其中 C 的计算公式如下:

$$C = 6e^{-0.1[S*(\sigma/3.6)]}$$

式中,C 为线形总体连续性评价的指标值,S 为里程 L 内第 85% 位车速与平均车速所围成的面积与公路里程的商,$S = (\sum S_i)/L$,σ 为车速标准差(图 4-5)。

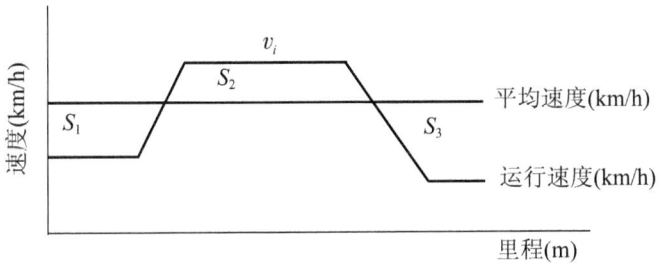

图 4-5 S 的计算示意图

其中,S,σ 的计算式如下:

$$v_{\text{avg}} = \frac{\sum_{i=1}^{n} v_i \cdot L_i}{\sum_{i=1}^{n} L_i} \quad (4-10)$$

$$S = \frac{\sum_{i=1}^{n} S_i}{\sum_{i=1}^{n} L_i} \quad (4-11)$$

$$\sigma = \left\{ \sum (v_i - v_{\text{avg}})^2 / n \right\}^{0.5} \quad (4-12)$$

式中,L_i 为第 i 个路段对应的里程长度,v_i 为第 i 个路段的运行车速,n 为里程长度内的路段数；v_{avg} 为平均速度（取路段内每个几何元素的运行车速的加权平均值）。S_i 为第 i 个分析单元运行车速与路线的平均车速所围成的面积。

线形总体连续性评价标准如表 4-13 所示。

表 4-13　竖曲线协调性评价质量表

C 比值	评价	改善建议
$C>3$	优	—
$1<C<3$	良	—
$0<C<1$	较差	条件允许时，综合考虑其他指标进行调整

4.2.5　弯道密度评价指标及标准

弯道密度评价是采用同一路段的设计弯道密度与此路段设计速度所对应的最佳弯道密度的差值比上最佳弯道密度值的商来进行评价，最佳弯道密度值如表 4-14 所示。

表 4-14　设计速度与最佳弯道密度

设计速度（km/h）	80	100	120
最佳弯道密度	1.70	1.36	1.13

该指标需根据平面设计数据按下式计算：

$$K_D = \left| \frac{K_{最佳弯道密度} - K_{设计弯道密度}}{K_{最佳弯道密度}} \right| \tag{4-13}$$

$$K_{设计弯道密度} = \frac{弯道个数（个）}{相应的路线里程（km）} \tag{4-14}$$

弯道密度评价指标采用无量纲指标 K_D 值，其评价标准如表 4-15 所示。

表 4-15　平曲线连续性评价质量表

K_D 比值	评价	改善建议
$0<K_D<0.3$	优	—
$0.3<K_D<0.7$	良	—
$K_D>0.7$	较差	条件允许时，综合考虑其他指标进行调整

4.3　交通事故调研与黑点鉴别技术

有效遏制事故黑点段的交通事故发生是保证道路安全营运的关键。国外对事故黑点的定义，通常是根据国家自身的情况来定义，例如挪威对事故黑点的定义是：长 100 m 的路段内，4 年发生 4 起以上人员伤亡的交通事故，称为事故黑点。事故黑段的定义是：长 1 km 的路段内，4 年发生 10 起以上人员伤亡的交通事故，称为事故黑段。英国从事故次数和事故类型、事故发生时间和日期、道路长度或区域大小来定义交通事故多发段，其规定如下：在 0.1 km 范围内，1 年发生过 4 次事故，称为危险地点；在 0.3 km 长的路段上，3 年中发生过 12 次事故，称为危险位置；在 1 km 范围内，1 年内有 40 次或 40 次以上的事故，称为事故易发地区。

我国将事故黑点多表述为"事故多发位置""事故多发段"或"事故多发点"。国内学者经过对此问题的不断探讨，对事故黑点的基本概念和内涵形成了较为一致的认识，事故黑点是指受道路条件、交通条件、气候环境等因素的影响，在一个较长的时间段内（通常为 1~3 年），发生交通事故的数量和特征与其他正常点相比明显突出或者存在潜在安全隐患的地点。

（1）专家经验法

专家经验法主要是组织道路交通工程的专家对道路实际情况进行勘测，并且对道路的交通安全性做出经验性的评估，从而进行道路交通事故多发点的鉴别。

路面状况、几何线性等道路特征与交通事故的发生有着密切的关系，一般来说，在公路的长下坡、急弯、傍山险路、陡坡等处容易发生事故。另外，由于在有些地段实际表现出来的安全性不高，但驾驶员的安全感却比较高，容易造成驾驶人员的思想麻痹、操作失误，从而导致交通事故的发生。专家经验法原理比较方便、简单，对于那些不符合规范要求，或不满足安全行车要求的路段的判定结果准确性较高，尤其是更能适应由于超高不够或弯道视距不足等单一因素造成的交通事故多发路段。

（2）事故率法

该方法对于路段来说，以百万车公里作为评价指标，对于交叉口来说，则以百万车的事故数作为指标，当路段或者交叉口的事故率超过了可接受的临界值，则认为是道路事故多发段或者交叉口。

$$U_f = \frac{U \times 10^6}{365 \times \text{AADT} \times L \times t} \quad (4-15)$$

式中　U_f——百万车公里事故数（次）；

　　　U——t 年内 L 长路段上事故数（次）；

　　　AADT——L 路段的年平均日交通量（日/辆）。

该方法考虑了路段长度和交通量的因素，所以适用于区域性道路或者较长路段的安全评价，这是由于不同路段的交通量可能有较大的不同，对事故发生的地点分布特征有所影响。但是该方法也可能导致以下几种情况：具有高事故次数、高交通量的路段事故率较低，具有低事故次数、低交通量的路段事故率较高。当以这个方法进行事故多发路段的鉴别时，可能将非危险路段当作危险路段来整治,而忽略了更为严重的危险路段。所以此方法一般要结合其他方法综合使用。

(3) 矩阵法

矩阵法也称事故数—事故率法,是在事故率法的基础上结合事故数法发展而来的,矩阵法是对每一个道路单元的事故数和事故率进行计算,然后以事故次数作为横坐标,以车公里事故率作为纵坐标,如图4-6所示。

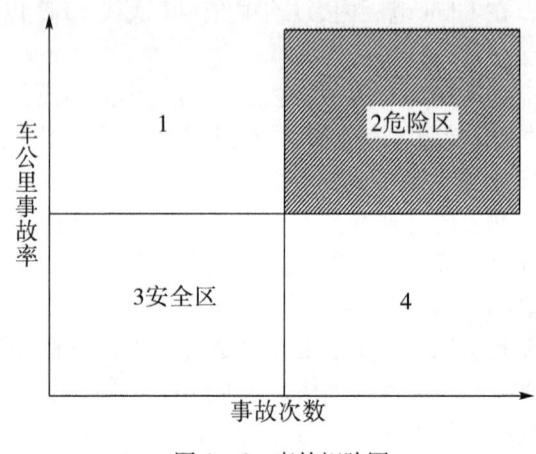

图4-6 事故矩阵图

图4-6中1区为低事故数、高事故率区;2为高事故数、高事故率区;3为低事故数、低事故率区;4为高事故数、低事故率区。由图4-6可以看出,当数据落入2区即为事故多发段,落入3区则是安全路段。

该鉴别方法通常应用于较小的行政区域内交通量、道路条件等基本相同的路段上。该方法是在事故率方法的基础上运用事故数鉴别方法,可以解决交通量过高事故率过低或者交通量过低事故率过高的问题,但是这个方法也存在着一些问题,没有对高事故次数低事故率的路段和低事故次数高事故率的路段做出本质的区分。同时,该方法需要以大量的道路交通资料为基础,计算过程比较复杂,难度比较大。

(4) 累计频率曲线法

累计频率曲线法是基于这样的认识:在一条道路上,如果道路条件处处一样(不一定是无缺陷),则可认为事故发生的位置与道路无关,在统计量足够大的时候,事故沿道路分布理论上是均匀的。但实际上道路条件不可能处处一样,道路条件的不同,使实际的交通事故发生分布沿路是不均匀的,虽然其中存在一定的偶然性,但有一点是不争的事实,即不发生事故或发生少量事故的路段占大部分,发生较多事故的路段占较少部分,并且事故数越高的路段占的比例越小,将事故数(率)发生的频率排序,计算其累计频率,则能分离出累计频率很小,但事故数(率)很高的路段,作为事故多发点的可能位置。

该方法是一种基于统计学原理的方法，以每一单位长度发生的事故次数为纵坐标，来绘制累积频率曲线图。在累计频率5%～20%有一个突变点，在突变点下面，即累计频率小于等于5%～20%的部分为事故率最高的部分，且事故随累积频率的变化而急剧增减，在突变点上面，事故率较小且曲线很平缓，累计频率的较大变化也不会引起事故率的急剧变化。因此，可以将事故累计频率小于5%～20%的路段作为可能的"事故多发段"。这部分路段长度比例较少，事故却占有很高的比例。

该方法是以事故数为基础的一种鉴别方法，计算方便，能够在众多的事故多发路段中找出急需整治的路段，它注重的是以有限的费用来取得最高的治理效果，有很高的使用价值。但同时该方法也存在着一定的缺点，第一个缺点是没有找出所有道路条件异常路段，第二个缺点就是没有考虑交通事故的严重程度和经济损失。

4.4 实例分析——以惠深高速旧路为例

4.4.1 旧路交通事故黑点分布特征分析及改扩建优化设计

交通事故是旧路安全隐患最直接的表现方式。基于交通事故统计分析的道路安全评价也是最直观的分析方法，国内道路研究人员也做了大量的研究。总体来讲，交通事故特征分析是基于统计学原理，从大量历史事故数据中寻求事故发生的一般规律，找出事故发生集中的路段。通过有时空针对性的事故成因分析，特别是道路、环境方面的客观因素分析，提出切实有效的安全整治措施，提高道路运营的安全性，减少不必要的生命财产损失。

交通事故特征分析一般包括交通事故空间分布、交通事故时间分布、交通事故形态分布、交通事故天气分布、交通事故车型分布等。通过统计分析不同分布下的交通事故规律，对事故成因分析有直接的指导意义。

4.4.1.1 旧路交通事故黑点分布特征分析

以惠深高速先行路段安全性评价路政提供的事故数据的分析为例，包括事故形态分析、事故时间分析、事故位置分析和事故沿线（路段）分析，详细分析如下。

（1）事故形态分析

通过对事故形态的分析，可为分析道路条件和安全设施的有效性提供依据，同时为提出安全改善方案提供依据。对惠深高速2009年按事故形态进行整理分析，结果见表4-16和图4-7。图4-8是事故按车型统计情况，在分析过程中，只要有大货车参与的就记为"大货车事故"，没有车型记录的就记为"无记录"。图4-9所示是按事故后果的严重程度进行分类的情况。

表4-16 惠深高速2009年事故形态统计表

事故类型	数量	所占比例（%）
追尾	155	46.4
两车相碰	14	4.2
撞人	6	1.8
撞护栏	101	30.2
翻车	23	6.9
两车相撞	8	2.4
两车相刮	7	2.1
其他	20	6.0

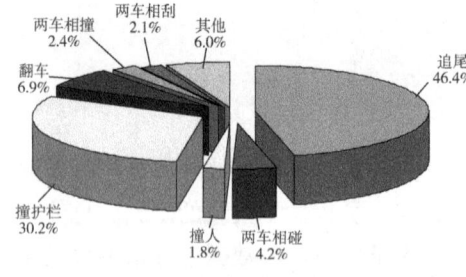

图4-7 惠深高速2009年按事故形态分析情况　　图4-8 惠深高速2009年事故按车型分布情况

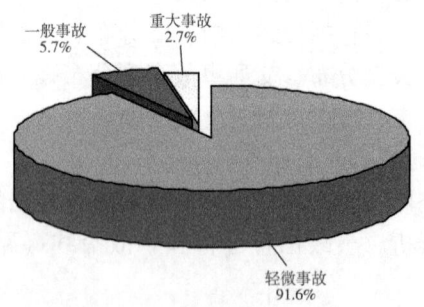

图4-9 惠深高速事故按事故后果严重程度分类

由上面各图和事故数据分析可知，撞护栏和追尾是该高速的主要交通事故。有记录的车辆撞击护栏的事故有101起，其中撞击护栏后侧翻的只有1起，说明基于目前获得的路政事故记录，该高速上的护栏设置是比较有效的；此外，翻车事故数量有23起，占6.9%，应该引起注意。由图4-8可知，小车参与的事故在全部事故中占39%，所占比例最大，大客车与大货车共占12%，在车型比例中小车占70%，大客与大货车约占8%，由此从事故率（次/辆）的角度看，大货车与小客车事故率相当，而随着交通量的增长，尤其是第五类车的交通量的增长，这两类车的安全问题应引起注意，其他车型事故率不是很高。图4-9表明事故以轻微事故为主，但从近几年实际事故情况看，重大事故的比例在逐渐增大，这与相应车辆的交通量的增长有关，必须采取相应的手段控制此类事故的进一步增长。

（2）事故时间分析

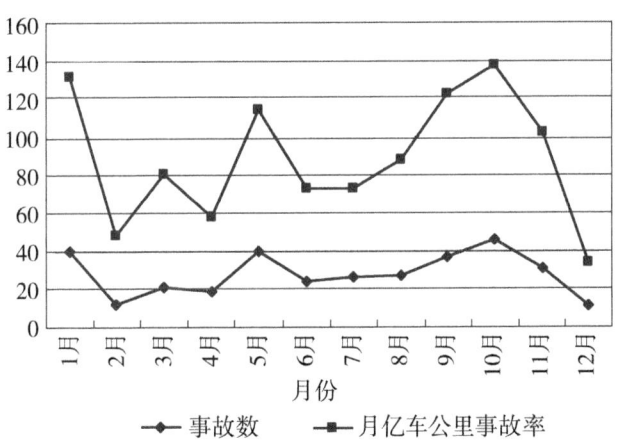

图4-10 惠深2009年事故按月份分布情况

由图4-10可知，2009年1月事故很多，至2月交通事故明显减少，这是因为广东省2009年1月份出现大范围持续低温天气，大部分地区出现霜冻或冰冻，这种不利的天气情况对道路的安全运营影响很大；3月至6月呈现明显的波动状态，6月至10月呈上升趋势，事故数上升幅度不大，但月亿车公里事故率上升幅度很大，结合惠深高速交通流量按月份变化实际情况，可以发现在交通量较大的月份事故数相对地也较多，广东地区的暴雨、低温等天气也影响道路的安全。

（3）事故位置分析

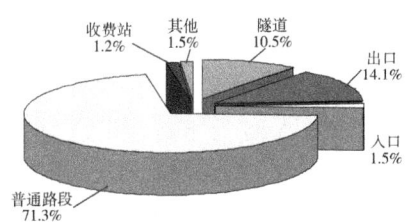

图4-11 惠深高速2009年事故位置分析图

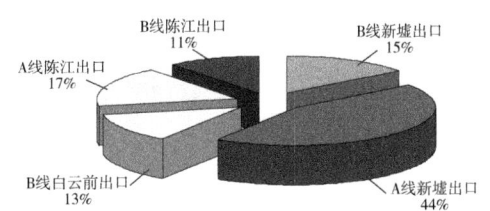

图4-12 惠深高速各出口事故所占比例

注：A线为下行（惠州往深圳方向），B线为上行（深圳往惠州方向）

由图 4-11 可以看出普通路段上发生的事故占绝大部分，其次是出口和隧道位置，占 14.1%和 10.5%，其中出口位置通过图 4-12 可以看出主要位于新墟出口处，该处事故占出口事故的 59%，且惠州往深圳方向（即 A 线）在新墟出口处事故占出口事故约一半，这主要是因为新墟立交匝道平曲线半径小，纵坡大且紧邻收费站的原因。

（4）事故沿线（路段）分布

对惠深高速 K1+400～K32+174 共 30.77 km 路段长度进行事故分析，该处事故为 2009 年基于路政的事故资料，有效里程桩号记录的事故 327 条，分析结果见图 4-13，除起点和终点外其余以 1 km 为单位路段标准，为简化处理过程，只针对事故次数进行判别。

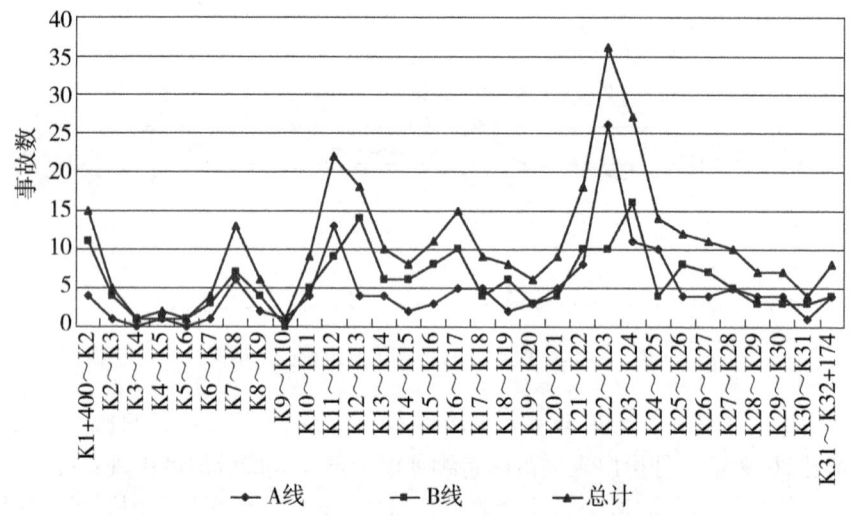

图 4-13 惠深高速 2009 年事故沿线分布图
注：A 线为下行（惠州往深圳方向），B 线为上行（深圳往惠州方向）

图 4-13 中表明无论是上行还是下行方向，事故相对多发点基本一致，主要是位于收费站处、出入口处以及新墟立交处。

4.4.1.2 事故多发的特殊路段分析及改扩建设计建议

惠深高速事故多发的特殊路段主要利用路政事故数据鉴别和分析，获取的路政事故记录信息中详细记录了事故发生的具体方向（A 线为下行，B 线为上行），该高速由中间分隔带物理分离，将上、下行分开考虑，分析的起始标准区间为 1 km，按 90%的标准作为事故相对多发路段提取的标准，惠深高速公路事故分布情况如图 4-13 所示，由图 4-13 可知，惠深高速公路交通事故多发的特殊路段很明显，事故多发路段的分布情况见表 4-17、表 4-18。

表4-17 惠深高速2009年下行方向事故相对多发路段提取情况

路段	路段长度（km）	事故次数	里程百分比（%）	事故百分比（%）
K1+400～K2	0.6	4	1.94	2.72
K11～K13	2	17	6.45	11.56
K16～K18	2	10	6.45	6.80
K21～K24	3	45	9.68	30.61
K25～K27	2	8	6.45	5.44
合计	10.6	90	34.19	61.22

表4-18 惠深高速2009年上行方向事故相对多发路段提取情况

路段	路段长度（km）	事故次数	里程百分比（%）	事故百分比（%）
K1+400～K2	0.6	11	1.94	6.11
K11～K13	2	23	6.45	12.78
K15～K17	2	18	6.45	10.00
K21～K24	3	36	9.68	20.00
K25～K27	2	15	6.45	8.33
合计	11.6	114	37.42	63.33

由表4-17和表4-18可以看出，惠深高速上行和下行方向判别出的事故相对多发地段都有5段，事故多发地点基本一致，里程占总里程约35%，而事故比均超过了60%。进一步观察可知K21～K24段为事故多发明显段。现对各事故相对多发路段分别进行分析，分析过程如表4-19所示。

表4-19 按地点特征提取的事故相对多发点

地点	事故次数（次）	地点	事故次数（次）
白云前出口	8	伯公坳互通式立交陈江出口	13
白云前入口	4	伯公坳互通式立交	17
新墟立交出口	28	B线汽车停靠站	18
新墟立交路段	60		
合计事故次数	148	合计事故次数占全部事故的比例	45.3%

由上述分析可知，惠深高速公路上存在一些事故相对集中的路段，这些路段在改扩建后仍可能不利于行车安全，在改扩建工程设计中应予以重点考虑。通过对事故相对多发路段进行更深入的分析可知，事故相对多发路段主要集中在收费

站、汽车停靠站和各立交匝道出入口处以及新墟立交路段等处。

(1) 收费站

惠深高速在白云前设主线收费站,在伯公坳互通和新墟互通设匝道收费站。如 K1+400～K2 路段即设有白云前收费站,通过表 4-18 可以看出在上行方向即收费站出口处事故多发。这主要是因为进入收费广场前平曲线半径相对较小,相应的辅助标志设置不合理,致使车辆行驶速度较高,容易造成车辆操作失控,引发交通事故;收费站前缺少完备的渠化等措施,随着交通量的不断增长,原收费站的通行能力难以满足要求,容易致使车辆在收费站处发生拥挤,存在交通安全隐患。而 K11+400～K12+300 为伯公坳互通式立交,且设有匝道收费站,此处事故相对较多,分析可知主要是因为匝道收费站距离分离点处较远,设置位置不合理。

针对上述情况,建议对收费站标志进行系统化设计;完善减速标线等交通安全设施,并加强养护管理以保证其性能。在条件允许的情况下可以考虑调整收费站的设置位置,并采用交通工程控制措施,尽可能消除不利影响,确保路段的交通秩序和交通安全。

(2) 汽车停靠站

在 K15～K17 路段上行方向设有汽车停靠站,通过表 4-17、表 4-18 可以看出事故以上行方向居多,经过进一步调查分析可知,此处主要是因为此路段位于弯道上,汽车停靠站前超高设置不合理以及路面排水系统存在问题,致使路面存在部分积水而引起交通事故,并以追尾和碰撞护栏事故为主。此问题现在已得到解决。

(3) 各立交匝道出入口以及新墟立交影响段

惠深高速公路的出入口为事故相对多发路段,图 4-11 惠深高速 2009 年事故位置分析图中显示出口事故率占了 14.1%。K11+400～K12+300 为伯公坳互通式立交,K24+300～K25+900 为新墟互通立交,均设有匝道收费站。从图 4-12 惠深高速各出口事故所占比例图可以看出下行方向新墟出口事故约占一半,是出入口事故多发点。经过分析主要有以下几点原因:一是因为匝道所在路段本身线形条件较差,如新墟立交匝道平曲线半径小,路线平面线形指标较低,其中最小平曲线半径仅为 700 m,小于 1000 m 的平曲线半径段 3 处,而纵坡相对较大,且紧邻收费站,极易引发车辆失控的事故;二是因为缺少有效的安全管理设施,标志的信息连续性有所中断、过渡段缺乏有效的标志、标线综合设计,原先的安全设施均有一定程度的锈蚀,对进出车辆引导效果较差,经常存在车辆走错路线、非正常停车等现象,不利于交通安全。

针对该情况,建议结合具体的地形条件,完善出入口加减速车道的设置,以减少对主线车辆行车的干扰;采取适当的速度管理措施,以提高道路安全水平,同时在事故多发路段设置警告标志,提醒驾驶员注意行车安全。在条件允许的情况下可以考虑调整匝道收费站的设置位置并对路线线形进行改进。

4.4.2 实例分析——以惠深高速旧路为例

4.4.2.1 指标符合性检查

(1) 平面线形

表 4-20 惠深全段平面主要技术指标

项目	单位	全线	2014 规范规定	
			一般值	极限值
计算行车速度	km/h	100	100	
起讫位置	—	K1+500~K32+928.36	—	
路线长度	km	31.428 36	—	
平曲线,最小半径	m/个	700/1	700	400
			路拱≤2%的不设超高平曲线,最小半径为4000	
平曲线最大半径	m/个	5400/1	≤10 000	
缓和曲线最小长度	m	110	85	
平曲线最小长度	m	511.44	500	170
平均每公里交点个数	个/km	0.76	—	
平曲线占路线的比例	%	84.77	—	
最大偏角	°′″	89°45′43.5″	—	
最小偏角	°′″	9°44′48.5″	—	
直线最大长度	m	1745.58	—	
同向曲线间直线最小长度	m	676.04	600	
反向曲线间直线最小长度	m	223.22	200	

经检核,图 4-20 平面线形指标符合现行《标准 2014》要求。

(2) 纵断面

表 4-21 纵断面主要技术指标表

项目	单位	惠深全线	2014 规范规定或建议值
计算行车速度	km/h	100	100
路线长度	km	31.428 36	—
最大纵坡	%/处	4/1	4

续上表

项目	单位	惠深全线	2014规范规定或建议值
凸型曲线最小半径	m	6 599.992	10 000（一般）/6500（极限）
凹型曲线最小半径	m	8 292.45	4500（一般）/3000（极限）
竖曲线最小长度	m	210	85
最短纵坡长度	m	250	250
最大纵坡及长度	%/m	3.5/250、3.3/927、4/532	3/1000、4/800

经检验，图4-21纵断面各项指标均满足现行《标准2014》要求。

（3）横断面

①一般路段超高设置。由于全线正向和反向运行速度基本上都在100 km/h～120 km/h范围内，平曲线超高横坡度宜适当提高，可根据路段具体运行速度值计算相应超高。

②加宽设置。本项目最小圆曲线半径为700 m，大于规范中所述需要考虑加宽的半径250 m，故全线无加宽设计。

（4）平纵组合

经检验，惠深高速公路先行路段线形设计中的平曲线半径与竖曲线半径均较大，大部分组合线形合理，但仍有以下路段可进一步优化，见表4-22。

表4-22　平纵线形组合设计仍可进一步优化路段

起点桩号	终点桩号	不良情况说明
K16+180	K17+900	一个平曲线包含4个竖曲线，该组合平曲线半径为1230 m，竖曲线半径分别为19 552 m、6825 m、8292 m、200 744 m，且平曲线半径及部分竖曲线半径较小，平纵组合相互对应性可进一步提高。

（5）视距

①挖方路段小客车与大货车停车视距。按《安评规范2015》方法以运行速度分别对惠深挖方路段小客车与大货车的停车视距进行检验与评价，见表4-23～表4-26。

表4-23　上行挖方路段小客车视距验算表

起讫桩号	半径(m)	运行速度(km/h)	停车视距(m)	计算最大横净距(m)	横净距设计值(m)	是否满足要求
K2+220.000～K2+920.000	1920	106	221.06	3.2	24.9	是
K3+210.000～K3+264.790	1920	107	224.55	3.3	24.9	是

续上表

起讫桩号	半径（m）	运行速度（km/h）	停车视距（m）	计算最大横净距（m）	横净距设计值（m）	是否满足要求
K5+340.000～K5+520.000	4400	104	214.16	1.31	8.4	是
K5+670.000～K5+961.018	4400	104	214.16	1.31	8.4	是
K21+428.695～K21+852.000	4600	105	217.59	1.29	8.4	是
K22+060.000～K22+259.359	4600	106	221.06	1.33	8.4	是
K23+876.891～K24+300.000	2000	103	210.74	2.79	8.4	是
K29+620.000～K29+850.000	1993	103	210.74	2.8	8.4	是
K29+950.000～K30+100.000	1993	103	210.74	2.8	8.4	是
K30+930.000～K31+280.000	1240	102	207.36	4.37	8.4	是

表4-24 下行挖方路段小客车视距验算表

起讫桩号	半径（m）	运行速度（km/h）	停车视距（m）	计算最大横净距（m）	横净距设计值（m）	是否满足要求
K9+860.000～K10+170.000	4000	105	217.59	1.49	8.4	是
K14+720.000～K15+120.000	4000	104	214.16	1.44	8.4	是
K20+960.000～K21+090.887	4000.75	104	214.16	1.44	8.4	是
K23+640.000～K23+780.000	900	102	207.36	6.04	8.4	是

表4-25 上行挖方路段大货车视距验算表

起讫桩号	半径（m）	设计速度（km/h）	停车视距（m）	计算最大横净距（m）	横净距设计值（m）	是否满足要求
K2+220.000～K2+920.000	1920	75	180.08	2.12	24.9	是
K3+210.000～K3+264.790	1920	75	177.78	2.07	24.9	是
K5+340.000～K5+520.000	4400	75	165.64	0.78	8.4	是
K5+670.000～K5+961.018	4400	75	194.95	1.08	8.4	是
K21+428.695～K21+852.000	4600	75	169.12	0.78	8.4	是
K22+060.000～K22+259.359	4600	75	163.36	0.73	8.4	是
K23+876.891～K24+300.000	2000	75	216.11	2.94	8.4	是
K29+620.000～K29+850.000	1993	75	191.53	2.31	8.4	是
K29+950.000～K30+100.000	1993	75	191.53	2.31	8.4	是
K30+930.000～K31+280.000	1240	75	196.78	3.94	8.4	是

表 4-26　下行大货车停车视距验算表

起讫桩号	半径（m）	运行速度（km/h）	停车视距（m）	计算最大横净距（m）	横净距设计值（m）	是否满足要求
K9+860.000～K10+170.000	4000	75	189.7	1.13	8.4	是
K14+720.000～K15+120.000	4000	75	185.3	1.08	8.4	是
K20+960.000～K21+090.887	4000.75	75	169.12	0.9	8.4	是
K23+640.000～K23+780.000	900	75	214.62	6.47	8.4	是

从表 4-23～表 4-26 可知，全线挖方路段均能满足停车视距要求。

②中央分隔带侧停车视距。按《安评规范 2015》方法以运行速度对广州段中央分隔带侧停车视距进行检验，具体见表 4-27、表 4-28。

表 4-27　上行中央分隔带侧停车视距验算表

起讫桩号	半径（m）	运行速度（km/h）	停车视距（m）	计算最大横净距（m）	横净距设计值（m）	是否满足要求
K2+108.563～K3+264.790	1920	104	214.16	2.98	2.25	否
K4+530.225～K5+961.018	4400	104	214.16	1.3	2.25	是
K7+708.593～K8+825.208	5400	105	217.59	1.1	2.25	是
K11+212.828～K13+740.941	4000	105	217.59	1.48	2.25	是
K15+971.508～K18+103.621	1230	103	210.74	4.5	2.25	否
K19+658.959～K20+320.253	2000	103	210.74	2.77	2.25	否
K21+428.695～K22+259.359	4600	105	217.59	1.29	2.25	是
K22+742.159～K23+358.120	700	100	200.67	7.15	2.25	否
K23+876.891～K24+538.379	2000	101	204	2.6	2.25	否
K29+273.071～K30+162.717	1993	103	210.74	2.78	2.25	否
K30+838.758～K31+510.340	1240	102	207.36	4.32	2.25	否
K32+243.607～K32+928.360	1223	103	210.74	4.52	2.25	否

表 4-28　下行中央分隔带侧停车视距验算表

起讫桩号	半径（m）	运行速度（km/h）	停车视距（m）	计算最大横净距（m）	横净距设计值（m）	是否满足要求
K1+500.000～K2+108.563	1540	102	207.36	3.48	2.25	否

续上表

起讫桩号	半径（m）	运行速度（km/h）	停车视距（m）	计算最大横净距（m）	横净距设计值（m）	是否满足要求
K3+264.790～K4+530.225	4500	105	217.59	1.31	2.25	是
K8+937.402～K10+976.275	4000	105	217.59	1.48	2.25	是
K14+553.380～K15+528.999	4000	104	214.16	1.43	2.25	是
K18+326.836～K19+658.959	1200	103	210.74	4.61	2.25	否
K20+320.253～K21+090.887	4000	104	214.16	1.43	2.25	是
K22+259.359～K22+742.159	1450	102	207.36	3.7	2.25	否
K23+358.120～K23+876.891	900	102	207.36	5.94	2.25	否
K24+538.379～K26+831.020	4000	104	214.16	1.43	2.25	是
K26+831.020～K27+342.465	4591	104	214.16	1.25	2.25	是
K27+342.465～K29+273.071	3478	104	214.16	1.65	2.25	是
K31+510.340～K32+243.607	1240	103	210.74	4.46	2.25	否

从表4-27、表4-28中可以看出，部分圆曲线半径较大路段中央分隔带侧宽度能满足运行速度所对应的停车视距要求的最大横净距，半径较小路段所需最大横净距大于中央分隔带外侧路缘带提供的横向宽度，停车视距得不到满足。

《路线规范2017》规定停车视距"不符合规定要求时，可加宽路肩或中间带，或将构造物后移，或设置交通安全设施"。具体可采用的措施如下：

a. 增大平曲线半径；

b. 加宽中央分隔带侧路缘带宽度；

c. 改变中央分隔带外侧护栏合种植的位置；

d. 减少曲线外侧行车道的平曲线半径；

e. 减少中央分隔带宽度，增大外侧行车道的平曲线半径；

f. 同时在中央分隔带侧设置限速标志等交通工程措施解决视距不足问题。

（6）合成纵坡

全线纵坡最大为4%，超高最大为2%，合成纵坡较大的路段见表4-29。

表4-29 合成纵坡较大的路段

桩号	纵坡（%）	超高（%）	合成纵坡（%）
K28+180～K28+712	4	2	4.47

经检验合成纵坡都在10%以下，满足合成纵坡的要求。

根据《路线规范2017》，当合成纵坡小于0.5%时，应采取综合排水措施，保证路面排水畅通；全线无超高过渡段的合成纵坡小于0.5%。

4.4.2.2 基于运行车速协调性和连续性的评价及优化建议

采用IHSDM软件，以惠深高速改扩建工程桩号范围K1+497.847～K32+

921.943 为例，按照 100 km/h 的设计速度标准进行运行车速预测，初始速度为 110 km/h，期望速度为 125 km/h，通过对模型参数输入与计算，得到运行车速结果。

（1）运行速度连续性评价

本路段运行速度连续性和协调性评价结果如表 4-30 所示。

表 4-30 运行速度连续性和协调性评价表

序号	桩号范围	运行车速（km/h）	设计速度（km/h）	运行速度与设计速度差（km/h）	评估	RV	评估
1	K1+497.847 ~ K22+738.621	111 ~ 125	100	11 ~ 25	良	0 ~ 0.03	优
2	K22+738.621 ~ K23+353.731	108 ~ 109	100	8 ~ 9	优	0.13	良
3	K23+353.731 ~ K32+921.943	110 ~ 125	100	10 ~ 25	良	0 ~ 0.02	优

注：RV 为相邻路段运行速度差比值。

由表 4-30 可以看出在第一路段和第三路段，由于平、纵线形较好，平曲线最小半径为 1200 m，且较多高于 4000 m，而纵坡较多在 0.5% 左右。因此，此段运行速度较高，均高于设计速度 10 km/h 以上，评价结果良好，但设计速度有足够的提升空间，RV 值均小于 0.1，评价结果较优。

K22+738.621 ~ K23+353.731 路段由于平曲线半径较小，仅为 700 m，而此段纵坡较大，为 3.6%，因此运行速度有所下降，运行速度与设计速度差评价较优，但 RV 值较大，速度连续性不佳，可改善平纵线形，提高速度连续性，降低事故率。

（2）平曲线协调性及舒适性评价

本路段平曲线协调性及舒适性评价结果可见表 4-31。

表 4-31 平曲线连续性及舒适性评价表

序号	桩号范围	K_R	评估	a	评估
1	K1+497.847 ~ K3+242.012	-0.4 ~ -0.5	较差		
2	K3+242.012 ~ K15+528.999	0.2 ~ 0.4	优		
3	K15+971.508 ~ K19+653.995	-0.6	较差		
4	K19+653.995 ~ K22+000.370	-0.4、0.68	良	0.2 ~ 1.62	优
5	K22+292.234 ~ K24+468.678	-0.5 ~ -0.7	较差		
6	K24+468.678 ~ K30+191.701	0.05 ~ 0.23	优		
7	K30+848.919 ~ K32+921.943	-0.62	较差		

注：①$K_R = \dfrac{R_{设计值} - R_{加权平均值}}{R_{加权平均值}}$，$R_{设计值}$：路段上圆曲线半径设计值（m）；$R_{加权平均值}$：所有圆曲线的加权平均值（m）。②$a$ 为横向加速度（m/s²）。

由以上评价结果可以看出,本路段有多处平曲线协调性存在问题,较优路段与较差路段曲线半径相差较大,且大半径平曲线较多,致使该路段平曲线加权平均值较大,而较小半径则会造成路段平曲线协调性较差,对协调性较差的路段具体分析如下:

① K1+497.847～K3+242.012,该区段两个平曲线半径为1540 m和1915 m,而全线平曲线加权平均值为3 349.036 m,因此该区段曲线半径远远小于全线加权平均值,平曲线协调性较差。

②K15+971.508～K19+653.995,该区段两个平曲线半径为1230 m和1200 m,远远小于全线加权平均值3 349.036 m,协调性较差。

③ K22+292.234～K24+468.678,该区段四个平曲线,最小半径只有700 m,最大才1450 m,远低于全线水平,平曲线协调性很差,建议重新调整平面线形。

④ K30+848.919～K32+921.943,该区段曲线有三个平曲线,半径均在1200 m左右,相比于全线处于较低水平,因此,此段平曲线协调性较差。

(3) 竖曲线连续性评价

竖曲线连续性评价结果如表4-32所示。

表4-32 竖曲线连续性评价表

序号	变坡点桩号	K_v	评估
1	K1+799.840～K2+958.190	>-0.23	良
2	K3+498.720～K6+880.790	<-0.5	较差
3	K7+310.590～K8+500.000	-0.2～0.4	优、良
4	K8+760.000～K16+267.040	<-0.37	较差
5	K16+867.100～K17+950.000	-0.3～1.63	良
6	K18+330.000～K20+543.310	<-0.6	较差
7	K20+914.290～K22+512.480	-0.2～1.3	良
8	K23+681.000～K24+600.000	0.1～1.8	优、良
9	K26+994.140～K28+712.000	<-0.5	较差
10	K29+675.000～K31+825.210	-0.2～0.83	优、良

注:K_v:单竖曲线与平均竖曲线比值。

由表4-32可见,K_v值出现多个差的评价,说明在此路段中竖曲线变化较急,纵断面连续性较差,对行车不利,建议重新调整路段纵断面设计,使K_v满足要求。纵断面竖曲线连续性较差路段分析如下:

① K3+498.720～K6+880.790,该区段单个竖曲线率仅在100～154间,而全线平均竖曲线率为332.75,因此,竖曲线连续性较差。

② K8+760.000～K16+267.040，该区段单个竖曲线率亦较小，一般均在120左右，最小只有99.9，而全线平均竖曲线率为332.75，因此，竖曲线连续性差。

③ K18+330.000～K20+543.310，该区段单个竖曲线率亦均在120左右，相比全线平均竖曲线率332.75要小很多，竖曲线连续性差。

④ K26+994.140～K28+712.000，该区段有4个竖曲线，单个竖曲线率最小为107，最大为160，远低于全线平均竖曲线率332.75水平，竖曲线连续性较差。

（4）综合评价

应用HSEvas综合评价模型对设计速度与运行速度差、相邻路段运行速度差、舒适性评价、圆曲线评价、竖曲线评价、总体连续性评价、弯道密度评价进行综合评价，评价结果如表4-33所示。

表4-33 全线各个指标的综合评价表

评价项目	权值	优	良	差	分值	评价
设计速度与运行速度差	0.092	0.0329	0.5	0.4671	61.316	良
相邻路段运行速度差	0.368	0.7894	0.2106	0	94.666	优
舒适性评价	0.04	0.9027	0.0973	0	97.844	优
圆曲线评价	0.043	0.0094	0.5	0.4906	60.377	良
竖曲线评价	0.057	0	0.2935	0.7065	48.309	差
总体连续性评价	0.2	0.809	0.191	0	95.278	优
弯道密度评价	0.2	0.2794	0.5	0.2206	71.176	良
综合评价		0.6475	0.2364	0.1061	80.127	优

表4-33中共列出了前文所述的七个评价指标，其中总体连续性及弯道密度两个评价指标因评价结果较简单，因此仅在综合评价表中体现。由表4-32可知，本路段全线仅竖曲线连续性评价较差，其他指标均处于优良级别，因此，全线总体综合评价较优。

4.5 本章小结

拟改扩建高速公路现状道路建设标准经历数十年的变化，部分指标已不能满足现行的规范和标准。针对高速公路现状道路的各类指标进行安全性分析，是改扩建工程优化设计的重要环节。本章详细阐述了拟改扩建高速公路现状道路的安全性分析方法，内容包括现状道路指标符合性检查方法、运行车速协调性和连续性的评价以及现状道路交通事故调研和黑点鉴别技术，并以惠深高速为例，将评价理论方法进行实际应用。

第 5 章 高速公路改扩建技术指标决策研究

高速公路改扩建工程技术指标的确定，需要考虑诸多因素。为了对改扩建道路的技术指标进行正确决策，首先需对现状道路的交通参数特征、通行能力瓶颈特征以及道路线形安全性做出科学的评价，全面了解现状道路各方面的约束和状况。在此基础上，明确公路改扩建不同于道路养护管理的特点，对拟采用的设计车速以及相应技术指标进行科学决策，综合考虑经济性和近远期通行能力的需求，确定改扩建高速公路车道数等。

本章在对比历年高速公路建设标准的基础上，针对不同设计车速的拟改扩建高速公路现状道路，详细阐述了设计车速决策中安全性论证的问题。对改扩建高速公路的灵活性技术指标和硬性指标运用做了详细的分析，最终提出改扩建工程技术指标选取程序。

5.1 改扩建高速公路技术指标研究

公路改扩建是在已有公路的基础上，为提高道路使用性能、通行能力或改善技术指标而进行的公路建设工程，包括公路的改建、扩建等。选用改扩建方案时，应对改扩建技术指标进行论证比选。改扩建工程要考虑其经济效果，把交通需求与改扩建的可行性、技术与经济、近期与远期相结合，应在技术经济论证的基础上，充分发挥和挖掘现有公路的通行能力潜力的前提下，根据交通量预测结果，正确选用技术标准并合理运用技术指标，全面规划，统筹安排。

5.1.1 现状道路设计指标安全性论证

由于我国公路建设的方式多样，不同路段的技术标准不一样，不同时期采用的技术标准也不一样。因此，在确定公路改扩建方案时，应结合路段的实际情况和公路的功能，进行反复的技术经济论证和比较。原则上公路改扩建工程应按现行公路工程技术标准执行，选择满足标准、规范要求的指标进行设计、建设，但在具体的技术指标的运用上，要结合改扩建工程的特点，灵活掌握。对特殊项目或特殊路段可在充分论证的基础上满足公路运行安全性要求和公路总体通行能力要求，局部路段可降低标准，但必须具有良好的经济效益，要设置过渡段并设置预告标志，同时这些路段间的间距要尽可能大，如果这种特殊路段的密度过大，则要考虑较长路段降低设计标准，有的项目也可采用原技术标准进行改扩建。

如何拟定改扩建工程的设计车速，通常分为两种情形：第一，保持当前设计车速，在原有基础上按照现行标准展开改扩建设计；第二，将设计车速提升 20～40 km/h，然后按照现行规范和标准，按照拟定的设计车速展开改扩建设计。这里重点介绍历年技术标准的变化情况，探讨改扩建过程，设计车速拟定应注意的问题。

5.1.1.1 现行公路工程技术指标概况

自 2015 年 1 月 1 日起,我国公路工程行业标准施行《标准2014》。

该标准系统总结了《公路工程技术标准》2003 版施行以来我国公路建设的经验,在充分吸收近年来公路行业科研成果的基础上,有针对性地展开了 13 项专题支撑科研项目,并参考借鉴了国外发达国家的相关标准和先进技术。修订后的《标准2014》分为 10 章,增加了公路改扩建、特殊地区高速公路、运行速度、非机动车和行人密集路段、设计年限、安全性评价、救灾通道等方面的规定和要求;调整和补充了桥梁荷载、路基设计洪水频率、节能环保、干线公路交通工程、乡村公路交叉等方面的规定;调整了公路适应交通量、车辆折算系数、交通量预测年限、服务水平分级、路基横断面宽度、纵坡、桥梁减宽、隧道断面及进出口线形、交通工程分类及建筑设施年限等方面的规定。《标准2014》高速公路路线设计指标见表 5-1。

表 5-1 不同设计速度对应的线形指标

v(km/h)		120	100	80	60	40	30	20
最小半径(m)	$i_h=10\%$	570	360	220	115	—	—	—
	$i_h=8\%$	650	500	250	125	60	30	15
	$i_h=6\%$	710	440	270	135	60	35	15
	$i_h=4\%$	810	500	300	150	65	40	20
最小缓和曲线长度(m)		100	85	70	50	35	25	17
停车视距(m)		210	160	110	70	40	30	22
最大纵坡(%)		3	4	5	6	7	8	9
凸形竖曲线最小半径(m)		11 000	6500	3000	1400	450	250	100
凹形竖曲线最小半径(m)		4000	3000	2000	1000	450	250	100
竖曲线最小长度(m)		100	85	70	50	35	25	20

坡长限制(m)								
v(km/h)		120	100	80	60	40	30	20
最小坡长(m)		330	250	200	150	110	85	60
最大坡长	$i=3\%$	900	1000	1100	1200			
	$i=4\%$	700	800	900	1000	1000	1100	1200
	$i=5\%$			700	800	900	900	1000
	$i=6\%$			500	600	700	700	800

续上表

v（km/h）		120	100	80	60	40	30	20
最大坡长	$i=7\%$			500		500		600
	$i=8\%$				300		300	400
	$i=9\%$						200	300
	$i=10\%$							200

车道宽度（m）

设计速度（km/h）	120	100	80	60	40	30	20
车道宽度（m）	3.75	3.75	3.75	3.50	3.50	3.25	3.00

左侧路缘带宽度（m）

设计速度（km/h）	120	100	80	60
左侧路缘带宽度（m）	0.75	0.75	0.50	0.50

路肩宽度（m）

设计速度（km/h）		120	100	80
右侧硬路肩宽度（m）	一般值	3.00（2.50）	3.00（2.50）	3.00（2.50）
	最小值	1.50	1.50	1.50
土路肩宽度（m）	一般值	0.75	0.75	0.75
	最小值	0.75	0.75	0.75

5.1.1.2 《公路工程技术标准》新旧标准对比论证

（1）1988、1997、2003旧版本标准概况

《公路工程技术标准》自发行至今，一共有四个版本：《公路工程技术标准》（JTJ 01—1988）（以下简称《标准1988》）、《公路工程技术标准》（JTJ 001—1997）（以下简称《标准1997》）、《公路工程技术标准》（JTG B01—2003）（以下简称《标准2003》）、《公路工程技术标准》（JTG B01—2014）（以下简称《标准2014》）。

《标准1988》作为交通部部颁标准自1989年5月1日起施行。

《标准1997》作为行业标准自1998年1月1日起施行。1988年发布的《标准1988》同时废止。修订的重点为公路分级及其相应的技术指标，取消了1988版《标准》中汽车专用公路和一般公路的分类方式，直接将公路按其使用任务、功能及适应的交通量分为高速公路、一级公路、二级公路、三级公路、四级公路五个等级，使公路分级概念明确，更加合理，符合我国国情及公路建设的实际。《标准1997》将高速公路按计算行车速度分为120 km/h、100 km/h、80 km/h、60 km/h四个档次，并新增了六车道、八车道标准。对受条件限制的高速公路和一级公路均规

定了变化值,允许合理地降低标准。

《标准2003》自2004年3月1日起施行,原《标准1997》同时废止。《标准2003》的修订工作全面总结了1997年以来我国公路建设的经验,在12项关键技术研究成果的基础上,充分借鉴和吸收了国外的相关标准和先进技术。2003版修订的公路分级仍为高速公路、一级、二级、三级、四级等五个等级,但纳入了公路功能、通行能力、服务水平等内容;将"小客车"定为各级公路交通量换算和通行能力分析的标准车型;调整了各级公路的设计速度、路基压实度值、中与短隧道的分类、特大与大桥的分类;对公路交叉设计的主要技术指标、交通工程及沿线设施的分级与安全指标以及设施配置等进行了修订;在设计与管理思想上引入了运行速度和安全性评价的概念。

5.1.2 不同设计车速的拟改扩建高速公路技术指标选取

5.1.2.1 情形1(拟改扩建高速公路旧路设计车速为60 km/h)

(1) 维持设计车速为60 km/h的高速公路改扩建工程

各版本《公路工程技术标准》对设计车速为60 km/h高速公路各项主要技术指标要求的对比见表5-2,2014版本的《公路工程技术标准》相应各指标要求见表5-1。

表5-2 《公路工程技术标准》历年设计速度60 km/h对应主要技术指标对比

指标名称		单位	1988版	1997版	2003版
平曲线最小曲线半径	一般值	m	200		
	极限值	m	125		
不设超高的最小半径	路拱≤2%	m	1500	1500	1500
	路拱>2%	m			1900
凹形竖曲线最小半径	一般值	m	1500		
	极限值	m	1000		
凸形竖曲线最小半径	一般值	m	2000		
	极限值	m	1400		
竖曲线最小长度		m	50		
最大纵坡度		%	5		6
最大坡长		m	(5<i≤6)/800	6/600;5/800;4/1000;3/1200	
最短坡长		m	—	150	
路基宽度	一般值	m	21.5	22.50	23.0
	最小值	m	20.0	20.0	20.0

续上表

指标名称		单位	1988 版	1997 版	2003 版
车道宽度		m		3.50	
中央分隔带宽度	一般值	m	1.50		2.00
	最小值	m			1.00
左侧路缘带宽度	一般值	m		0.50	
	最小值	m		0.25	0.50
中间带宽度	一般值	m		2.50	3.00
	最小值	m		2.00	2.00
硬路肩宽度	一般值	m	≥2.00	2.50	2.50
	最小值	m		1.50	1.50
土路肩宽度	一般值	m	≥0.50	0.50	0.50
	最小值	m		—	0.50
停车视距		m		75	
缓和曲线最小长度		m		50	

注："一般值"为正常情况下的采用值;"最小值"为条件受限制时可采用的值。

这里所比较的《公路工程技术标准》4 个版本中均规定只有在高速公路特殊困难的局部路段,经论证后该局部路段的设计速度可采用 60 km/h,且对路段的长度也有所限制。改扩建时,经论证仍采用 60 km/h 的设计速度,通过对比四个版本的《公路工程技术标准》可知,对线形、横断面和视距要求均有所不同。《标准 2014》对其主要指标要求变动不大,更为细致精确地规定了部分指标的取值并灵活放宽了部分指标,按照横向力系数和超高横坡分别对最大超高 10%、8%、6%、4% 规定了圆曲线最小半径 115～150 m 不等,较之前版本平曲线一般值取 200 m、极限值取 125 m 更为精确和细致。此外,不设超高的圆曲线最小半径。路拱横坡 $i>2\%$ 的情况,为避免横向力系数过大,取横向力系数为 0.040～0.050 的幅度来计算不设超高的最小半径,最终取值 1900 m。

(2) 设计车速提高至 80 km/h

各版本《公路工程技术标准》设计车速为 60 km/h 高速公路各项主要技术指标与现行标准 80 km/h 对应的技术指标要求的对比见表 5-1 和表 5-2。

拟改扩建高速公路经论证设计车速由原来的 60 km/h 提升至 80 km/h 时,众多指标发生变化。尤其是线形指标是确定设计车速能否提高的关键要素,应全面检查旧路的平纵曲线参数,确定其能否满足或接近现行标准的要求值,在不能满足的情况下,将不符合要求的路段重新调整设计,论证调整线形的可行性,使其完全满足硬性指标的要求，对灵活性指标应论证突破标准的安全性，从而论证设计车速提高的可行性。

5.1.2.2 情形2（拟改扩建高速公路旧路设计车速为80 km/h）

（1）维持原设计车速80 km/h

各版本《公路工程技术标准》对设计车速为80 km/h高速公路各项主要技术指标要求的对比见表5-1与表5-3。

表5-3 《公路工程技术标准》历年设计速度80 km/h对应主要技术指标对比

指标名称		单位	1988版	1997版	2003版
平曲线最小曲线半径	一般值	m	400		
	极限值	m	250		
不设超高的最小半径	路拱≤2%	m	2500		2500
	路拱>2%	m			3350
凹形竖曲线最小半径	一般值	m	3000		
	极限值	m	2000		
凸形竖曲线最小半径	一般值	m	4500		
	极限值	m	3000		
竖曲线最小长度		m	70		
最大纵坡度		%	5		
最大坡长		m	(5<i≤6)/800	6/500；5/700；4/900；3/1100	
最短坡长		m	—	200	
路基宽度	一般值	m	23.0	24.5	6车道32.0
					4车道24.5
	最小值	m	21.5	23.0	4车道24.5
车道宽度		m	3.75		
中央分隔带宽度	一般值	m	1.50		2.00
	最小值	m			1.00
左侧路缘带宽度	一般值	m	0.50		
	最小值	m	0.25		0.50
中间带宽度	一般值	m	2.50		3.00
	最小值	m	2.00		

续上表

指标名称		单位	1988 版	1997 版	2003 版
硬路肩宽度	一般值	m	≥2.25	2.75	2.50
	最小值	m	1.75	2.50	1.50
土路肩宽度	一般值	m	≥0.50	0.75	0.75
	最小值	m		0.50	0.75
停车视距		m	110		
缓和曲线最小长度		m	70		

注：受地形条件或其他特殊情况限制时，经技术经济论证，最大纵坡值可增加1%。

对比四个版本标准对设计车速为 80 km/h 的高速公路技术指标的要求，与现行规范存在几点变化。《标准2014》对10%超高的平曲线最小曲线半径限制为 220 m，低于历史版本的 250 m；2003 版及 2014 版标准对路拱＞2%的不设超高圆曲线最小半径要求放宽至 3350 m；《标准1988》对纵坡坡长仅定性地说明需要限制，但 1997 版以后标准则对最大坡长、最短坡长做定量的要求，具体见 5-1 及表 5-2。2014 版对停车视距的要求提高到了 110 m。在停车视距检验时，小客车停车视距采用的驾驶员视点高度为 1.2 m，载重货车停车视距采用的驾驶员视点高度为 2.0 m，视点前方路面上障碍物顶点高度为 0.10 m。由于一些情况下还满足不了货车停车视距的要求，根据"公路货车停车视距专题"研究成果，2014 年标准规定："高速公路、一级公路以及大型车比例较高的二、三级公路，应采用货车停车视距对相关路段进行检验"。

由此可见，按照旧版标准设计的高速公路改扩建经论证要保持其原有的 80 km/h 的设计车速，重点应核查原道路最大坡长等是否能满足现行标准要求。

（2）设计车速提高至 100 km/h

各版本《公路工程技术标准》设计车速为 80 km/h 高速公路各项主要技术指标与现行标准 100 km/h 对应的技术指标要求的对比见前面表 5-1 与表 5-3。

拟改扩建高速公路经论证设计车速由原来的 80 km/h 提升至 100 km/h 时，众多指标发生变化。尤其是线形指标，是确定设计车速能否提高的关键要素，应全面检查旧路的平纵曲线参数，确定其能否满足或接近现行标准的要求值，在不能满足的情况下，将不符合要求的路段重新调整设计，论证调整线形的可行性，使其完全满足硬性指标的要求，对灵活性指标应论证突破标准的安全性，从而论证设计车速提高的可行性。重点关注：

①平曲线最小半径是否能满足不同超高对应的最小值，不设超高最小半径是否低于 4000 m，凹形竖曲线最小半径是否低于 3000 m，凸形竖曲线最小半径是否低于 6500 m，竖曲线最小长度是否低于 85 m，最大纵坡是否高于 4%。

②《标准 2014》规定八车道高速公路宜设置左侧硬路肩,宽度为 2.5 m(内含左侧路缘带宽),在改扩建工程中,如果需将原高速公路车道拓宽至八车道,宜设置 2.5 m 宽的左侧硬路肩。

③需核查停车视距低于 160 m 的路段,进行优化设计。

若经论证,地形限制调整困难,可部分路段维持 80 km/h 的设计速度,路段长度不宜小于 15 km,同时注意路段前后指标的协调一致。

5.1.2.3 情形 3(拟改扩建高速公路旧路设计车速为 100 km/h)

(1) 维持设计车速为 100 km/h

各版本《公路工程技术标准》对设计车速为 100 km/h 高速公路各项主要技术指标要求的对比见表 5-1 与表 5-4。

表 5-4 《公路工程技术标准》历年设计速度 100 km/h 对应主要技术指标对比

指标名称		单位	1988 版	1997 版	2003 版
平曲线最小曲线半径	一般值	m	700		
	极限值	m	400		
不设超高的最小半径	路拱≤2%	m	4000		4000
	路拱>2%	m			5250
凹形竖曲线最小半径	一般值	m	4500		
	极限值	m	3000		
凸形竖曲线最小半径	一般值	m	10 000		
	极限值	m	6500		
竖曲线最小长度		m	85		
最大纵坡度		%	4		
最大坡长		m	—	5/600;4/800;3/1000	
最短坡长		m	—	250	
路基宽度	一般值	m	24.5	26.0	8 车道 44.0
					6 车道 33.5
					4 车道 26.0
	最小值	m	23.0	24.5	8 车道 41.0
					6 车道 —
					4 车道 24.5
车道宽度		m	3.75		

续上表

指标名称		单位	1988 版	1997 版	2003 版
中央分隔带宽度	一般值	m		1.50	2.00
	最小值	m		1.50	2.00
左侧路缘带宽度	一般值	m		0.50	0.75
	最小值	m		0.25	0.50
中间带宽度	一般值	m		2.50	3.50
	最小值	m		2.00	3.00
硬路肩宽度	一般值	m	≥2.25	2.75	3.00
	最小值	m	1.75	2.50	2.50
土路肩宽度	一般值	m	≥0.50	0.75	0.75
	最小值	m	≥0.50	0.50	0.75
停车视距		m	160		
缓和曲线最小长度		m	85		—

注：受地形条件或其他特殊情况限制时，经技术经济论证，最大纵坡值可增加1%。

前期修建的高速公路以 100 km/h 的设计车速居多，改扩建多维持原设计车速 100 km/h，扩建为八车道或十车道高速公路。对比四个版本标准对设计车速为 100 km/h 的线形技术指标要求，在线形方面，现行标准对于路段路拱>2%的不设超高的平曲线半径最小值降低调整至5250 m，1997 版及 2003 版标准增加了对坡长的限制要求。在横断面方面，提高了中央分隔带、左侧路缘带宽度最小值要求，但 2014 年的版本又解除了其部分限制。

（2）设计车速提高至 120 km/h

各版本《公路工程技术标准》设计车速为 100 km/h 高速公路各项主要技术指标与现行标准 120 km/h 对应的技术指标要求的对比见表 5-1 与表 5-4。

拟改扩建高速公路经论证设计车速由原来的 100 km/h 提升至 120 km/h 时，众多指标发生变化。线形指标是确定设计车速能否提高的关键要素，应全面检查旧路的平纵曲线参数能否满足或接近现行标准的要求值，在不能满足的情况下，将不符合要求的路段重新调整设计，论证调整线形的可行性，应完全满足硬性指标的要求，对灵活性指标论证突破标准的安全性，从而论证设计车速提高的可行性。重点关注线形方面，平曲线不同超高下的最小半径必须满足对应要求，不设超高最小半径是否低于 5500 m，凹形竖曲线最小半径是否低于 4000 m，凸形竖曲线最小半径是否低于 11 000 m，竖曲线最小长度是否低于 100 m，最大纵坡是否高于 3%。找出不符合标准的旧路路段，调整路段的设计使其满足规范要求。在视距方面，需核查停车视距低于 210 m 的路段，进行优化设计。

若局部路段线形较难调整，可维持 100 km/h 的设计车速，路段长度不宜小于 15 km，且前后路段指标应协调。

5.1.2.4　情形 4（拟改扩建高速公路旧路设计车速为 120 km/h）

各版本《公路工程技术标准》对设计车速为 120 km/h 高速公路各项主要技术指标要求的对比见表 5-1 与表 5-5。

表 5-5　《公路工程技术标准》历年设计速度 120 km/h 对应主要技术指标对比

指标名称		单位	1988 版	1997 版	2003 版
平曲线最小曲线半径	一般值	m	1000		
	极限值	m	650		
不设超高的最小半径	路拱≤2%	m	5500		5500
	路拱＞2%	m			7500
凹形竖曲线最小半径	一般值	m	6000		
	极限值	m	4000		
凸形竖曲线最小半径	一般值	m	17 000		
	极限值	m	11 000		
竖曲线最小长度		m	100		
最大纵坡度		%	—	3	
最大坡长		m	—	4/700；3/900	
最短坡长		m	—	300	
路基宽度	一般值	m	26.0	8 车道 42.5	8 车道 45.0
				6 车道 35.0	6 车道 34.5
				4 车道 27.5	4 车道 28.0
	最小值	m	24.5	8 车道 40.0	8 车道 42.0
				6 车道 33.0	6 车道 —
				4 车道 25.5	4 车道 26.0
车道宽度		m	3.75		
中央分隔带宽度	一般值	m	1.50		3.00
	最小值	m			2.00
左侧路缘带宽度	一般值	m	0.50		0.75
	最小值	m	0.25		0.75

续上表

指标名称		单位	1988 版	1997 版	2003 版
中间带宽度	一般值	m		2.50	4.50
	最小值	m		2.00	3.50
硬路肩宽度	一般值	m	≥2.25	2.75	3.00/3.50
	最小值	m	1.75	2.50	3.00
土路肩宽度	一般值	m	≥0.50	0.75	
	最小值	m		0.50	0.75
停车视距		m	210		
缓和曲线最小长度		m	100		

注：受地形条件或其他特殊情况限制时，经技术经济论证，最大纵坡值可增加1%。

对比四个版本对设计速度为 120 km/h 的高速公路各项指标值，2003 年以后版本的标准对路拱 >2% 的不设超高平曲线最小半径值要求放宽至 7500 m，左侧路缘带宽度最小值提高至 0.75 m，中间带宽最小值提高至 3.50 m，但 2014 版又取消了其限制。1997 版以后增加了对纵坡坡长的限制，但 2014 版取消了对最小坡长的限制、不再限制路基宽度。

1988 版标准中规定，在平原微丘区高速公路设计速度取 120 km/h，因此早期的设计速度 120 km/h 的高速公路其所处地形较好，其线形指标均较高，其改扩建工程多为车道拓宽并对事故多发段的工程设计调整。通过对比新旧版标准指标要求，在原设计速度为 120km/h 高速公路改扩建工程中，对原道路指标应重点核查最小坡长、最大坡长、中央分隔带宽度等，如表 5-5 中所示。

5.2 改扩建设计指标优化

目前，国内现有的公路设计、施工规范多适用于新建道路，而针对现有高速公路改扩建工程的规范和标准较少，设计及工程实际中缺乏有效的技术指导和实施依据。在增加原有公路车道数或为消除原有安全隐患及事故黑点而进行的道路平纵线形改善时，若仍套用现有标准进行改扩建设计，可能大大增加工程造价，且会对周边环境及社会生态造成较大的影响。因而，在对改扩建公路进行设计时，应灵活地运用专业知识与判断能力，针对不同的实况工程，明确项目设计的约束条件，确定灵活性指标和强制性指标进行设计。对于部分灵活性指标，经论证后可进行超标设计。本节重点介绍灵活性指标和强制指标在设计时的优化使用。

5.2.1 灵活性指标

(1) 车道宽度

行车道的宽度是由各种汽车的物理尺寸决定的,其范围为 3.00~3.75 m。通常随着公路设计车速的增加,行车道宽度也需加以调整以满足车辆的侧向摆动。《标准2014》规定车道宽度应符合表5-6要求。

表5-6 车道宽度

设计速度(km/h)	120	100	80	60	40	30	20
车道宽度(m)	3.75	3.75	3.75	3.50	3.50	3.25	3.00

受路权及其他设计因素的影响,车道宽度也要受到一定的限制。在对改扩建设计时,建议灵活地确定指标。在诸多情形下,可突破3.75 m的车道宽度设置:①八车道及以上公路在内侧车道(内侧第1/2车道)仅限小客车通过时,其车道宽度可采用3.5 m;②以通过中、小型客运车辆为主且设计速度为80 km/h及以上的公路,经论证车道宽度可采用3.5 m;③四级公路采用单车道时,车道宽度应采用3.5 m;④设置慢车道的二级公路,慢车道宽度应采用3.5 m;⑤需要设置非机动车道和人行道的公路,非机动车道和人行道等的宽度,宜视实际情况确定。

(2) 中央分隔带

中央分隔带用于分割不同方向交通流,为失控的车辆提供避险区域,为变速、左转弯和掉头车辆留有空间,减少对向车头灯眩光,也可为未来车道预留宽度(特别是在郊区),同时提供景观绿化空间,以满足安全需要并改善设施景观效果,且为设置防撞设施提供空间。《标准2003》规定,高速公路、一级公路整体式断面必须设置中间带,中间带由两条左侧路缘带和中央分隔带组成,其各部分宽度符合表5-7规定。

表5-7 中间带宽度

设计速度(km/h)		120	100	80	60
中央分隔带宽度(m)	一般值	3.00	2.00	2.00	2.00
	最小值	2.00	2.00	1.00	1.00
左侧路缘带宽度(m)	一般值	0.75	0.75	0.50	0.50
	最小值	0.75	0.50	0.50	0.50
中间带宽度(m)	一般值	4.50	3.50	3.00	3.00
	最小值	3.50	3.00	2.00	2.00

注:"一般值"为正常情况下采用的值;"最小值"为条件受限制时可采用的值。

《标准2014》规定：高速公路和作为干线的一级公路，中央分隔带应根据公路项目中央分隔带功能确定；作为集散的一级公路，中央分隔带宽度应根据中间隔离设施的宽度确定；设计速度为120 km/h、100 km/h，受地形、地物限制的路段或多车道公路内侧车道仅限小型车辆通过的路段，左侧路缘带可论证采用0.50 m。由此可见，中央分隔带宽度可作为灵活性指标，综合安全性和功能性，选择合适的宽度。对于改扩建公路设计，也应结合原公路实际工况，最大程度地考虑经济效益和环境影响，灵活选择设计指标进行设计。

（3）路肩

各种车辆的物理宽度限制了行车道的基本宽度，但在行车道外侧处理方面，具有更大的灵活性。路肩宽度的指标取值具有一定的变化范围，见表5－8。

表5－8 路肩宽度

公路等级（功能）		高速公路			一级公路（干线公路）	
设计速度（km/h）		120	100	80	100	80
右侧硬路肩宽度(m)	一般值	3.00（2.50）	3.00（2.50）	3.00（2.50）	3.00（2.50）	3.00（2.50）
	最小值	1.50	1.50	1.50	1.50	1.50
土路肩宽度（m）	一般值	0.75	0.75	0.75	0.75	0.75
	最小值	0.75	0.75	0.75	0.75	0.75
公路等级（公路）		一级公路（集散公路）和二级公路			三级公路、四级公路	
设计速度（km/h）		80	60	40	30	20
右侧硬路肩宽度(m)	一般值	1.50	0.75	—	—	—
	最小值	0.75	0.25	—	—	—
土路肩宽度（m）	一般值	0.75	0.75	0.75	0.75	0.25（双车道）
	最小值	0.50	0.50			0.50（单车道）

注：①正常情况下，应采用"一般值"；在设爬坡车道、变速车道及超车道路段，受地形、地物等条件限制路段及多车道公路特大桥，可论证采用"最小值"；

②高速公路和作为干线的一级公路以通行小客车为主，右侧硬路肩宽度可采用括号内数值。

路肩的设计应当综合考虑交通安全、路段通行能力、对周边环境影响，以及初始建设费用及维护运营费用等因素。为了充分利用现有工程，对于改扩建中自然环境受限的路段（如大型构造物或导致特殊工程需要拆除的特殊困难路段），为保证行车道宽度，经论证可采用城市道路路肩的处理方法，比如，通过铺设沥青路缘石、修筑封闭的排水系统等方式，填平深而窄的排水沟，适当增加行车道宽度。对于局部路段，在分析论证的基础上，可压缩右侧路肩宽度，但应满足行车安全的侧向余宽（路缘带宽S1＋相应设计速度的C值），并配合交通工程的设计设置变宽过渡段（构造物或特殊工程长度加上两端各不小于500 m的范围），硬路肩宽度渐变率不宜大于1∶50。

如沪宁高速公路改扩建工程中的昆山互通内被交路长江大道、苏州工业园互通匝道桥等路段，桥下净宽为2×19.5 m，若按标准八车道建设，两桥均需拆除重建，若允许在桥下减小硬路肩宽度，再结合互通内硬路肩不准停车的实际交通规定，则可保留现有桥梁，采用护栏和硬路肩外边缘标线渐变的方案。

图5-1 沪宁高速公路改扩建压缩硬路肩宽度的路段

5.2.2 硬性指标

扩建工程的基本原则就是最大限度的利用原有工程。要实现该目标就需要结合扩建工程的特点确定可灵活设置的指标，强制执行的硬性指标则应严格遵从，详见不同情形下的设计车速对应的各类技术指标。

5.3 基于灵活性指标的改扩建工程技术指标选取程序

基于灵活性指标的改扩建工程技术指标选取程序如图5-2所示。

拟改扩建高速公路旧路多按《标准1988》及《标准1997》实施设计，其设计速度偏低且多为四车道高速公路。为适应日益增长的交通需求及满足快速行车的需求，许多高速公路都面临改扩建的问题。在对高速公路实施改扩建之前，首先应对旧路所采用的技术指标进行汇总。

查阅竣工图文件、对旧路拟合、现场调研等方法可用于采集道路技术指标。改扩建工程中，如果维持原设计速度不变，则应对其设计时遵循的标准版本的技术指标要求与现行标准对比，如果各版本对某个指标值要求没有变动，则进行优化设计，如果有变动，则对有变动的指标重点核查，找出不符合现行标准要求的路段，将不符合的路段调整线形直至符合标准要求，后再通过优化程序提高道路交通安全性。若改扩建工程需提高道路设计速度，则将汇总的指标与现行标准该设计速度对应的指标要求对比，调整不符合要求路段的线形设计直至符合要求，经过优化设计后再施工。

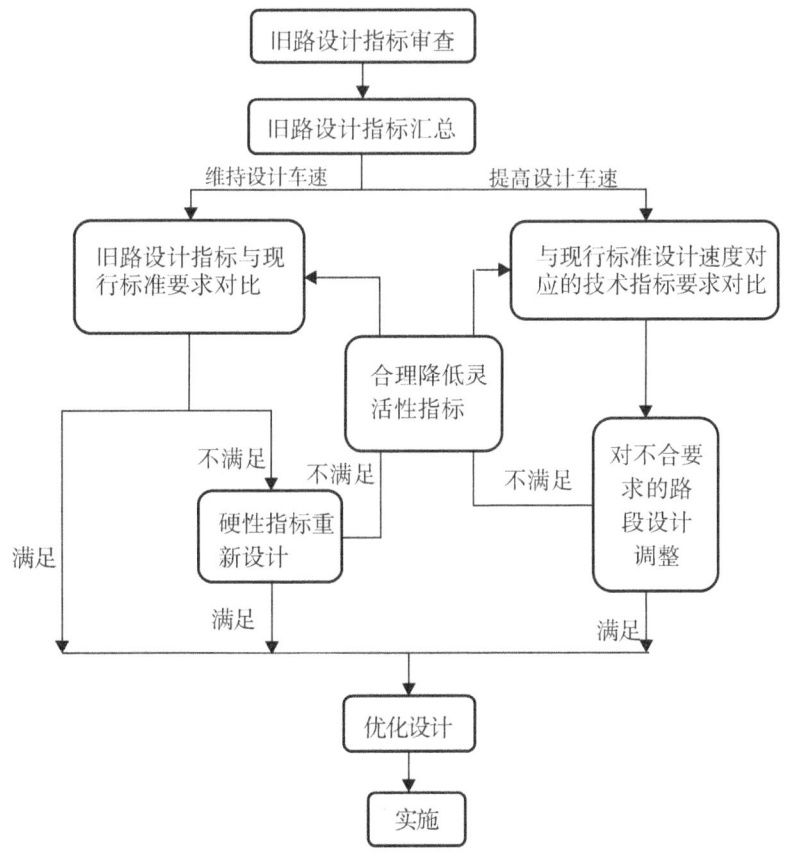

图 5-2 基于灵活性指标的改扩建工程技术指标选取程序图

5.4 本章小结

高速公路改扩建工程技术指标的确定，需要考虑诸多因素。为了对改扩建道路的技术指标进行正确决策，首先需对现状道路的交通参数特征、通行能力瓶颈特征以及道路线形安全性作出科学的评价，全面了解现状道路各方面的约束和状况。本章在对比历年高速公路建设标准的基础上，针对不同设计车速的拟改扩建高速公路现状道路，详细阐述了设计车速决策中安全性论证的问题。对改扩建高速公路的灵活性技术指标和硬性指标运用做了详细的分析，最终提出改扩建工程技术指标选取程序。

第6章 改扩建高速公路车道数决策

6.1 车道数决策基本原则

改扩建工程车道数的决策既要考虑其近远期的经济性，又要符合技术可行性，在充分发挥和挖掘现有公路的通行能力潜力的前提下，根据近远期交通量预测结果，正确选用技术标准并合理运用技术指标，全面规划，统筹安排，合理地掌握公路改扩建的时机，避免工程的盲目性。总体而言，在改扩建车道数决策方面，应遵循以下基本原则。

（1）实践科学发展观，实现项目的可持续发展

公路工程不是一个静态的项目，它是一个随时间发展的动态工程，改扩建工程既要充分考虑项目建设期条件，又要为未来交通发展留有空间，实现可持续发展，要全面规划，协调发展，科学管理，保证畅通。具体表现在：①在满足设计年限内交通需求的同时预留一定的发展空间；②积极考虑设计期后公路发展的可操作性；③积极适应沿线发展规划，为沿线经济发展提供相应的空间；④采用科学合理的工程技术实现节能、环保、高效；⑤采用合理的方案实现全寿命周期的成本最低化。

（2）最大限度地利用原有工程

最大限度地利用原有工程是改扩建工程的基本要求，要实现最大限度的利用需要有理念的创新和技术的保证。

要最大限度地利用原有工程会涉及设计规范、技术指标的掌握，涉及原有工程及废旧材料的充分利用，需要结合公路现状评价进行深入的研究。

（3）科学选择方案

改扩建工程车道数决策是否可行除了建设目标的科学合理外，科学的改扩建方案尤为重要。方案选择中需要考虑：①最严格的土地政策；②降低施工期交通组织难度，确保建设期公路的连续运行；③因地制宜，采用成熟、合理的工程技术，控制工程风险，工程费用合理。

6.2 基于经济性最优的车道数决策分析

传统的车道数决策从满足设计年限内交通需求的角度出发，车道数决策主要与预测年平均日交通量、高速公路基本通行能力、交通组成有关。由于交通量预测受不确定因素的制约，时常过多或过少地预测交通量，很难准确地预测出各特征年份的交通需求，这往往导致在设计年限内改扩建道路的通行能力无法满足交通需求、服务水平无法满足高等级道路要求而再次进行改扩建。这里从经济方面考虑，参考20世纪60年代美国寿命周期成本分析及全寿命经济观点（LCCA），

即整个寿命周期内总成本期望值最小的经济最优化原则。综合考虑建设、养护、管理等成本效益和安全、环保、运营等社会效益，选用综合效益最佳方案，提出车道数决策思路和方法。

公路生命周期中的成本构成，大体可分为四个方面，即建设成本、维护成本、使用成本和社会环境成本。车道数决策并不仅仅是规划与建设的问题，而且牵动多方主体的利益，表现最为明显的就是三个主体方：土地所有者、公路建设者和公路使用者。因为在确定车道数时，其各自的利益必然会出现不同程度的损失，分别表现为土地机会成本、公路建设成本和公路运输成本。另外，公路所能承载的交通量总是有限度的，即一定数量的车道数有其规划设计的通行能力，所以本章采用饱和度来反映实际交通量与设计通行能力的数量关系。

6.2.1　土地机会成本

土地机会成本 $Q_{l,N}$ 在本章中指的是将某一特定的土地用于公路建设而放弃的收益，这区别于土地成本的概念。土地机会成本对应的主体是土地所有者，而土地占用成本是针对公路建设者而言的，它是公路建设成本的组成部分。公路建设必然要占用一定数量的土地资源，并且可能造成原有地面附着物的损毁，给土地所有者造成经济损失。土地机会成本的衡量并没有统一的标准，而是与土地所有者的经济水平以及所拥有的土地类型密切相关。土地所有者主体包括国家和集体两种，但是土地承包者一般为个人或企业，因土地占用而造成直接损失的是土地承包者的利益，所以土地机会成本与土地所有者或土地承包者的经济水平密切相关。若土地承包者的经济来源完全或者大部分靠土地产出，那么，所占土地的机会成本对其而言是巨大的。若土地产出的价值只是土地所有者或承包者经济来源的很小一部分，那么机会成本则是比较小的。另外，土地的机会成本也和土地的类型有较大关系。一般而言，若土地是以种植业为主，则可按照土地肥沃程度、是否水浇地等条件划分土地机会成本的大小。但是，对于军事区、文物保护区等不可动土地，则将其机会成本视为无限大，那么在模型中穿越这些区域的路段的总成本将会无限大，因此，必须对原有路网布局形式予以修正。

6.2.2　土地占用成本

土地占用成本 $Q_{O,t}$ 支出严格按照《中华人民共和国土地管理法》中有关土地征用补偿的条款执行。土地占用成本受当地经济发展影响较大，一般来说，单向双车道改三车道，再改四车道土地占用成本会较二改四车道成本高。

6.2.3　公路建设成本

公路建设成本在本章中包括传统意义上的建设成本支出、公路养护成本支出以及土地占用成本支出三个方面。

公路建设成本从大的方面来看，主要包括排水设施、土石方、路面、桥梁以及土地征用等五个方面的内容。对于某一条线路布局以及技术等级已经完全确定的公路，它所包含的这五项内容产生的预算应该也是完全明确的。

以现状道路单向双车道为例，建设成本支出根据改扩建车道数不同可分为以下两种情况：

（1）由单向双车道先改三车道，若干年后再改四车道

对于这种情况，建设费用分为两部分，即二车道改三车道建设费用 Q_{2-3} 和三车道改四车道费用 Q_{3-4}。即 $Q_{建} = Q_{2-3} + Q_{3-4}$。

（2）由单向双车道直接改为四车道

对于这种情况，建设费用为一次性改扩建费用 Q_{2-4}。

6.2.4 公路养护成本

为保证在其整个生命周期内都具有良好的技术性能，使各种技术等级的公路始终保持它的技术经济水平，在道路设计使用年限内需定时对公路进行养护，这就产生公路养护成本 $Q_{M,t}$。

在公路建成初期，因四车道公路维护面积比三车道公路维护面积大，因而其养护成本较三车道高。但是，在同等交通量情况下，三车道公路受荷载程度较四车道高，故三车道公路寿命较四车道公路短，且养护成本增长速率较快，如图 6-1 所示。

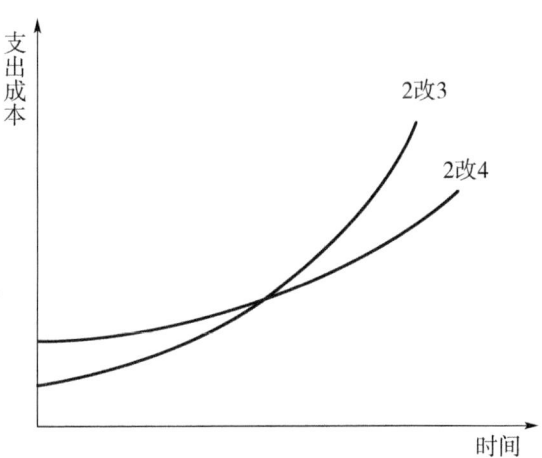

图 6-1　养护成本随时间变化的曲线

6.2.5 公路运输成本

运输经济学中将公路运输成本 $Q_{T,t}$ 分为固定成本和变动成本，然后又细分为人工费用、行车各项费用、养路费以及企业管理费等四种费用类型。本章所指的运输成本表现在广泛意义上，并不细究成本的构成内容，因此，只是将运输成本表示为与运输距离正相关的变量，即单位标准车每单位运输距离的运输成本。

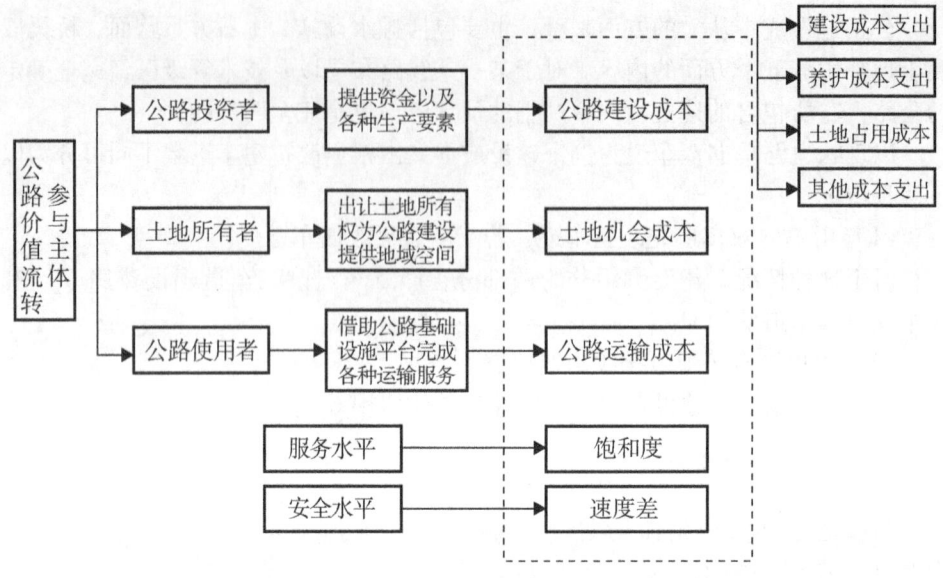

图 6-2 公路成本组成

6.3 改扩建道路车道数最优决策模型

根据 6.2 节中对高速公路改扩建工程成本构成的分析，以最小化工程成本为目标，综合考虑改扩建道路设计使用年限内符合一定的服务水平（高速公路为三级服务水平及以上）及安全性（即道路事故死亡率在合理的阈值范围内）为约束条件，建立基于经济性最优化的改扩建道路车道数决策模型。

6.3.1 基于经济最优化的改扩建道路车道数决策模型

(1) 模型建立

$$\min LCCA\left[\left(\frac{v}{c}\right)_i, N\right] = Q_{O,t} + Q_{C,i} + \sum_{t=1}^{T} Q_{M,t} + \sum_{t=1}^{T} Q_{T,t} + Q_{I,N} \quad t = 1, 2, \cdots, T$$

$$\text{s. t. } AADT < C_{sv3} \text{ 或 } \left(\frac{v}{c}\right)_i \leq \left(\frac{v}{c}\right)_3$$

$$I_{Death} \leq [I_{Death}] \text{ 或 } \Delta v \leq [\Delta v] \tag{6-1}$$

式中 $LCCA\left[\left(\frac{v}{c}\right)_i, N\right]$ ——公路生命周期中，车道数为 N（改扩建后的单向车道数），服务水平为 i 时的总成本；

$Q_{O,t}$ ——土地占用成本；

$Q_{C,i}$ ——改扩建增加车道数 N 时的公路建设成本；

$Q_{M,t}$ ——设计年限内第 t 年公路养护成本；

$Q_{T,t}$——设计年限内第 t 年公路运输成本;

$Q_{I,N}$——土地机会成本;

$\left(\dfrac{v}{c}\right)_i$——$i$ 级服务水平对应的饱和度;

N——改扩建后的单向车道数;

T——公路生命周期;

t——公路生命周期中的第 t 年;

AADT——年平均日交通量,AADT = $C_D \times N/(K \times D)$,式中:$C_D$ 为每车道设计通行能力,N 为改扩建后的单向车道数,D 为方向分布系数,K 为设计小时交通量系数,根据公路所在位置、地区经济、气候条件设定。K 值范围:近郊公路 0.085～0.11;公路 0.12～0.15;亦可根据当地交通量观测资料确定;

C_{sv3}——服务水平为 3 时的服务交通量;

I_{Death}——交通事故死亡率(%);

$[I_{\text{Death}}]$——交通事故死亡率容忍值(%);

Δv——速度梯度,Δv = 断面运行速度 - 断面平均速度;

$[\Delta v]$——满足交通安全要求的速度梯度阈值。

(2)约束条件

①基于服务水平的约束条件 AADT < C_{sv3} 或 $\left(\dfrac{v}{c}\right)_i \leq \left(\dfrac{v}{c}\right)_3$。

根据《标准 2014》规定,高速公路在设计年限内需达到三级及以上水平,所以在设计年限内年平均日交通量应小于三级服务水平对应的日最大服务流量。表 6-1 中给出了设计速度分别为 120 km/h、100 km/h、80 km/h 时,高速公路基本路段的服务水平标准。

表 6-1 高速公路基本路段服务水平标准

服务水平	V/C 值	设计速度(km/h)		
		120	100	80
		最大服务交通量 [pcu/(h·ln)]	最大服务交通量 [pcu/(h·ln)]	最大服务交通量 [pcu/(h·ln)]
一	V/C ≤ 0.35	750	730	700
二	0.35 ≤ V/C ≤ 0.55	1200	1150	1100
三	0.55 ≤ V/C ≤ 0.75	1650	1600	1500
四	0.75 ≤ V/C ≤ 0.90	1980	1850	1800
五	0.90 ≤ V/C ≤ 1.00	2200	2100	2000
六	V/C > 1.00	0～2200	0～2100	0～2000

②基于安全性的约束条件 $I_{Death} \leq [I_{Death}]$ 或 $\Delta v \leq [\Delta v]$

根据美国严重事故研究所（NCSS）的数据，交通事故死亡率与速度梯度的 4 次方成正比，其关系如式（6-2）所示。由式（6-2）可知当速度梯度超过 114.24 km/h 时，发生交通事故致死的概率是 100%。

$$I_{Death} = \left(\frac{\Delta v}{114.24}\right) \tag{6-2}$$

式中 I_{Death}——交通事故死亡率（%）；

Δv——速度梯度，即断面的运行车速与平均运行车速的差值（km/h）。

高速道路最高车速限制应保证事故死亡率小于可接受的容忍值，基于这一原则，构建高速道路最高车速限制基于安全性的约束条件如式 6-3 所示。

$$I_{Death} = 6E-07\Delta v^4 + 6E-17\Delta v^3 - 1E-14\Delta v^2 + 3E-13\Delta v < [I_{Death}] \tag{6-3}$$

式中 Δv——速度梯度，Δv = 断面运行速度 - 断面平均速度；

I_{Death}——交通事故死亡率（%）；

$[I_{Death}]$——交通事故死亡率容忍值（%）。

表 6-2 给出了部分发达国家与中国道路交通事故数量、事故死亡人数及事故死亡率。从表 6-2 可以看出，发达国家中，英国的交通事故死亡率最低，仅为 1.5%；法国的事故死亡率最高，但也只有 6.4%。中国的事故死亡率高达 23.6%，远高于各发达国家，事故严重程度显著。借鉴发达国家的事故死亡率，同时考虑大型车事故更为严重，这里取发达国家事故死亡率的最大值 6.4% 作为小型车事故死亡率容忍值，平均值 4.0% 作为大型车事故死亡率容忍值。

表 6-2　部分发达国家与中国道路交通事故数量、事故死亡人数及事故死亡率

国家	年份	事故数量（万起）	事故死亡人（万人）	事故死亡率（%）
美国	2002	222.20	4.29	1.93
英国	2002	24.00	0.36	1.50
法国	2002	12.52	0.80	6.39
德国	2002	38.08	0.85	2.23
加拿大	2002	15.27	0.31	2.03
意大利	2002	19.00	0.62	3.26
丹麦	2002	0.80	0.05	6.25
葡萄牙	2002	4.94	0.19	3.85
中国	2002	37.88	8.95	23.63

6.3.2　改扩建道路车道数最优决策支持系统

6.3.1 节中给出了高速公路改扩建工程车道数决策模型，以现状道路单向双

车道为例,图6-3给出了基于经济最优的车道数决策流程。

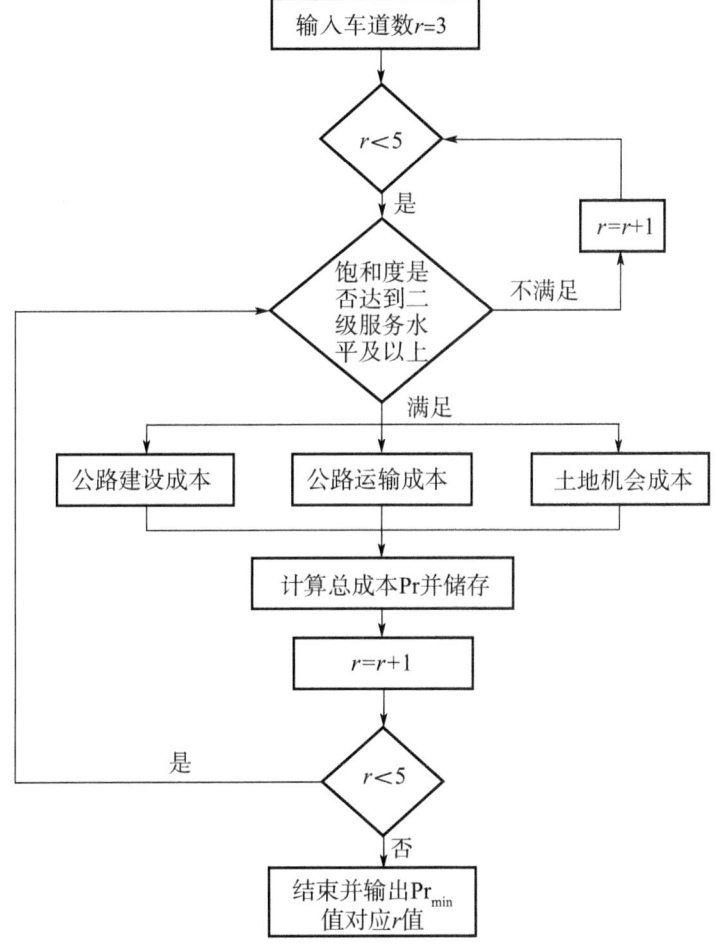

图6-3 改扩建道路车道数最优决策流程

6.4 本章小结

本章首先提出了高速公路改扩建车道数决策基本原则,以公路产品的经济属性及其流转形式为研究对象,分析了车道数决策在经济视角方面考虑的问题。从土地所有者、公路建设者和公路使用者三者公路利益主体方的角度,将土地机会成本、公路建设成本和公路运输成本作为高速公路改扩建工程的主要成本组成,以服务水平和安全水平为约束条件,建立了基于服务与安全约束条件下的改扩建车道数决策模型及决策支持系统。

第7章 高速公路改扩建工程优化设计技术

针对拟改扩建高速公路道路及交通运行过程中存在的各类安全隐患,在改扩建工程设计过程中,应用工程措施和管理措施,提出有效的优化设计对策,消除或减弱道路的安全隐患,提高道路的安全性,减少或避免交通事故的发生,是改扩建高速公路工程设计的重要内容。

7.1 拟改扩建高速公路线形不良路段的优化设计技术

高速公路改扩建工程线形设计的余地不大,为合理利用旧路资源并节省造价,绝大部分会沿着旧路"爬行",线形改变的空间有限。因此,旧路存在的线形不良路段,在改扩建设计中仍旧是需要重点研究的对象。如何在有限的路线调整空间中,将拟改扩建的高速公路线形不良路段进行优化设计,是改善线形安全性的重要环节。此处针对不同类型的拟改扩建高速公路线形不良路段,提出了详细的优化设计方法。

7.1.1 长直线的优化设计

长直线由于线形过分单调,容易引起驾驶员疲劳,其遇到突发情况来不及反应而造成车祸。应对高速公路改扩建工程旧路的长直线采取一定的优化设计措施,尽可能改善线形,不同类型的长直线优化设计方法也有所不同,此处分类而述,(4)、(5)、(6)点为普遍适用各类长直线的优化。

(1) 旧路坡度变化较小的长直线形
- 进行局部线形修正,形成平顺、协调的大半径曲线;
- 在不可避免长直线存在的情况下,设置警告、限速标志。

①为使驾驶人在驶上长平直线路段之前对道路的概况有所了解,应在长平直线起始段设置警示标志,预先告知长平直线的长度;

②建议在长平直线路段的终点段设置警示标志,预告"距长平直线路段的终点还有××m";

③限制长平直线路段的车速是非常重要的,建议在长平直线路段每隔3~5 km应设置警告标志,如"限速××km"。

(2) 长直线段中若存在瓶颈路段(如窄桥、涵等),应加宽窄桥、涵,使其与路基同宽。

(3) 在桥、涵两侧高填方路段增设安全护栏、护柱等;若无法加宽窄桥、涵,则必须在两侧适当位置设置窄桥标志及限速标志,并设置减速带等辅助设施,长直线(纵坡起伏)中间夹有小半径曲线或路线有小偏角。

①在有条件的情况下进行平、纵线形配合的改善处理;

②无法进行平、纵线形重新改造,须布设警告标志、急弯、路面不平标志、限速标志,并布设禁止超车线及减速标线(凸起型或图案型);

③在适当位置还可增设车辆故障停车平台(拓宽路基边缘外部分,不影响正常行车)。

(4) 设置影响视觉的平面路面减速标线——"V"形标线

"V"形标线是一种宽度和间距沿着行车方向逐渐减小的路面标线,标线为白色,夜间可反光,车辆在行驶过程中,司机形成速度过快的错觉,自然而然地减速,设计样式如图7-1所示。

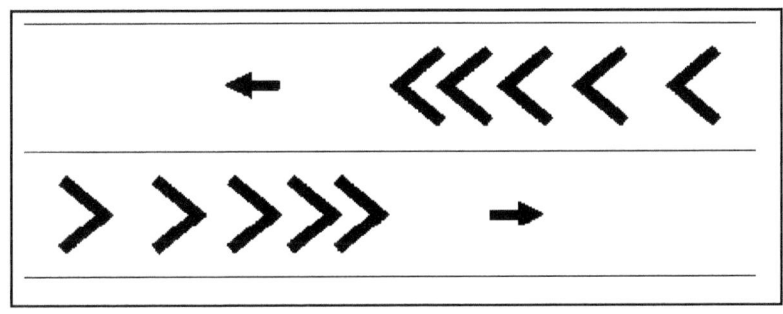

图 7-1 "V"形标线示意图

(5) 路肩设置震鸣带

(6) 道路景观改善

①栽植卵圆型植物为主,如楝树等类植物高大,冠幅宽,成年后树荫浓密,在视线通畅、非行车道较宽的直线段上布置,具有良好的绿化防护的效果;

②为能起到协调的作用和造成结构上的层次感,也可在直线路段上配置绿竹等分叉型植物,起到刚柔相济以及避免视线干燥的作用。

7.1.2 曲线间短直线的优化设计

在同向曲线间插入短直线,驾驶员很容易将直线和两端曲线看成是反向弯曲形成"断背曲线",由判断失误而导致误操作;反向曲线之间的直线过短,不利于超高、加宽的设置,不能实现反向变化的连续平稳过渡,对安全极为不利。拟改扩建高速公路旧路存在以上短直线时,改扩建设计时应尽可能地避免,在条件受限的情况下,针对以上问题提出下列优化设计方法:①同向曲线中插入短直线,在直线长度小于等于缓和曲线长时,可酌情调整两圆曲线半径,组成单曲线,若受地形限制,而其中小圆曲线半径又比较大时,使 $R_大/R_小 < 1.5$,选取两曲线径向连接,组成复曲线,否则,应组成单卵形曲线;②若是直线长度大于缓和曲线长小于 $6V$ 时,采用组合设计方法,设置辅助圆曲线段来取代短直线,构成两组回旋线的三圆复曲线(双卵形曲线);③当两反向曲线间的直线净长 $d <$

$2V$ 时,可进行设计调整,适当增加圆曲线半径,使两反向曲线直接相接;④增设限速标志和减速带,让车辆减速安全通过短直线。

7.1.3 急弯的优化设计

拟改扩建的高速公路圆曲线半径越小,则车辆行驶中的离心力越大,容易造成侧翻、侧滑等现象,半径过小会使得视距不良,易发生对向车辆相撞事故。常采用的优化设计方法有:①在有条件的情况下改建小半径曲线路段,增大弯道处的曲线半径,合理设置超高;②根据路侧危险程度和历史事故资料在弯道外侧设置相应强度等级的护栏,或在路侧设置线形诱导标、轮廓标,设置"向左(右)弯路"或"事故多发路段"等警告标志;③设置限速标志和减速带,并根据需要设置限速解除标志。

7.1.4 小偏角弯道的优化设计

小偏角弯道是指转角 α 小于 $7°$ 的平曲线,容易使驾驶员产生急弯错觉,对于这种设计,优化方法如下:①重新设计圆曲线半径,使转角大于 $7°$,曲线长度满足规范要求;②在转弯处设置线形诱导标志和轮廓标,引导驾驶员视线,可消除急弯的错觉;③在弯道外侧利用护栏或高大的乔木,引导驾驶员视线。

7.1.5 长大上坡的优化设计

长大上坡的主要影响对象为载重车辆和小客车,由于汽车的载重及性能的不同,在上坡路段形成速度差,影响速度较快一方的通行能力。一般发生的交通事故有:①小客车与前方大型车的追尾事故;②小客车与相邻车道上同向小客车发生侧向碰撞;③小客车与相邻车道上同向大型车发生侧向碰撞。

长大上坡的优化设计方法有:①增加竖曲线半径或挖掉变坡顶点,从根本上改善纵断面视距不足的缺陷,但此种方法投资较高。②在上坡段为货车与车队修建爬坡车道,改善交通条件。通常上坡段上附加坡道的建议修建坡度为 40‰,当车流中货车与车队比例较大时,附加坡道采用 20‰~30‰ 的纵坡。③采用标志和标线(实线)为主要对策进行优化设计,以提醒驾驶员禁止超车。

7.1.6 长大下坡的优化设计

交通事故发生常有一个能量累积过程。汽车在连续下坡路段行驶时,为保持一定的安全速度,驾驶员必须持续制动,在一般情况下(如摩擦片温度不超过 200℃)制动时,摩擦系数是稳定的。但在高温下摩擦系数会有很大下降,即出现热衰退现象,从而导致车辆的制动性能急剧下降。制动器温度急剧上升,制动热衰退现象突出,严重时会使制动能力完全丧失,酿成交通事故,因此连续下坡路段直接导致的安全问题是车辆制动系统失灵,引起车辆失控。交通事故的统计资料表明，连续下坡路段是交通事故多发路段，是车辆运行安全的影响因素之一。

根据长大下坡的隐患分析，改扩建设计过程中，应尽可能地避免隐患发生因素，条件受限时，采用如下优化设计措施：

①设置避险车道并设置下坡警告标志或其他文字型警告标志，提高驾驶员警惕性。

②完善标志标线、视线诱导设施：
- 标志的设置应当保持连续性和渐进性；
- 特别在降温池、避险车道前方应该设置标志牌；
- 应针对不同的平曲线半径设置间距合理的诱导标；
- 在重点路段应有意识地在路侧护栏、中央分隔、车道分隔线等处应用反光材料，加强夜间的辨识性。

③在下坡前设置限速标志与强制减速设施，并设置警示标志提醒司机低挡下坡。

④设置高防撞等级的中央分隔设施及路侧安全护栏，以避免失控车辆冲向对向车道或冲出公路。

⑤设置路肩隆声带，可以有效减少疲劳驾驶、疏忽大意和判断错误等原因造成的偏离道路事故。

⑥在连续长大下坡路段的坡顶和坡段中有条件的地方处设置加水检修区。

⑦设置强制减速下坡车道，用来供失控和超速车辆减速。

⑧设置制动毂降温池。应设于长大下坡路段中制动毂温度较高但还没有达到安全界限的路段，使车辆制动毂温度不过高，保证制动系统的制动效能。

⑨设置消能减速护栏，当失控车辆撞上护栏时，护栏下部有效地固定车轮走向，上部波形部分则与车身摩擦，形成减速，达到消能减速、防止事故发生的效果。

⑩设置紧急停车带。在长大下坡上设置紧急停车带，为车速过快和制动器温度过高车辆提供停车检修的区域。

⑪直线段内的凹形竖曲线段两侧路肩边缘设置高度逐渐变化的立柱；或在路侧合理布置垂直的尖塔型树木，缓解驾驶员的坡道错觉。

7.1.7 不良组合线形的优化设计

线形组合包括平面线形组合和平面线形与纵断面线形的组合。线形组合是道路的路线情况变得复杂，增加了驾驶员要处理的信息量，且组合往往使用在地理状况比较复杂的地区，因此，对交通安全的影响很大，针对几种常见的组合提出以下优化设计技术。

(1) 长直线接小半径曲线线形的优化设计

汽车在长直线上行驶，速度感减弱，容易以高速进入急弯，造成侧翻和转向困难的情况，因此对长直线接小半径曲线线形提出以下几点：①在有条件的情况下，重新设计较大的圆曲线半径以满足车辆安全通过，但是需要地形许可和资金充裕；②在长直线尽头设置避险车道，以供车辆紧急避险；③设置线形诱导标志引导驾驶员的视线，在进入长直线之前路段增设限速标志和减速带。

(2) 连续小半径平曲线的优化设计

当连续几个平曲线半径均较小时，形成了连续急转弯线形。这会给驾驶员造成不便，在短时间内，驾驶员需要连续反复急打反向盘，同时离心力大小或方向也会产生连续或反复的变化，给乘客的视觉、心理和舒适性等带来不良影响。拟改扩建高速公路存在连续小半径平曲线，条件受限不可调整线形时，可进行优化：①设置路况描述标志提醒司机小心驾驶，增设限速标志，在弯道处设置线形诱导标志或在路侧种植高大乔木来引导驾驶员的视线；②有条件的情况下改建小半径曲线路段，增大弯道处的曲线半径。

(3) 长陡下坡后接缓坡线形的优化设计

如果下坡行驶到坡度变缓的路段时，由于周围景观与路面倾斜度降低所造成的影响，驾驶员会产生上坡的错觉，采取提速冲坡动作，这些错误的操作会诱发交通事故。从减轻错觉方面考虑，针对旧路存在的这种情形，提出了优化设计方法：①直线段内的凹形竖曲线段两侧路肩边缘设置高度逐渐变化的立柱，可调节驾驶员因缓坡引起的错觉；②在路侧合理布置垂直的尖塔型树木，缓解驾驶员的坡道错觉；③设置路况描述标志，提醒驾驶员仍然处于下坡路段，并且在下坡尽头设置紧急避险车道，以免驾驶员因操作失误盲目换挡而造成交通事故。

(4) 平曲线与竖曲线组合的优化设计

平曲线与竖曲线的组合是经常遇到的，设计中通常要求其满足"平包竖原则"，避免出现不良线形。"平包竖"是一种理想的平、纵线形组合。"平包竖"是指平曲线应稍长将竖曲线的起终点分别放在平曲线的两个缓和曲线内。这种立体线形不仅能起诱导实现的作用，而且可取得平顺而流畅的效果。如果平曲线的中点与竖曲线的顶（底）点位置错在不超过平曲线长度的四分之一时，仍然可以获得比较满意的外观。平竖曲线组合时，应保证两者的大小均衡，平曲线和竖曲线均衡的参考半径见表7-1。

表7-1 平曲线与竖曲线半径的均衡

平曲线半径（m）	竖曲线半径（m）	平：竖	平曲线半径（m）	竖曲线半径（m）	平：竖
600	10 000	16.6	1100	30 000	27.3
700	12 000	17.1	1200	40 000	33.3

续上表

平曲线半径（m）	竖曲线半径（m）	平:竖	平曲线半径（m）	竖曲线半径（m）	平:竖
800	16 000	20.0	1500	60 000	40
900	20 000	22.2	2000	100 000	50
1000	25 000	25.0	—	—	—

（5）急弯与陡坡的不利组合优化设计

德国的比鲁兹通过公路事故统计资料证实了急弯与陡坡的不利组合，会使事故率剧增。针对拟改扩建高速公路旧路存在的急弯与陡坡路段，尽可能调整这种组合线形，调整条件不足时，此处提出优化设计方法：①弯道之前设置减速带和限速标志；②设置线形诱导标，引导驾驶员视线；③中央分隔带和路侧设置高强度等级的护栏。

7.2 视距不良的优化设计技术

7.2.1 外侧车道停车视距优化设计

改扩建高速公路挖方路段外侧车道视距不良优化设计时，可采用以下措施之一或综合采用以下措施：①尽可能提高视距，增大曲线半径，移除视线范围内的障碍物；②以修剪树木、放缓边坡等手段改善视距，对于视距严重不足的旧路事故频发路段，可通过消减山体、拓宽路面来改善视距；③设置限速、禁止超车。

7.2.2 中央分隔带停车视距优化设计

《路线规范2017》规定停车视距"不符合规定要求时，可加宽路肩或中间带，或将构造物后移，或设置交通安全设施"。具体可采用的措施如下：

①增大平曲线半径：在高速公路改扩建设计阶段，如果工程量增加不大，应尽量采取较大的平曲线半径，使中央分隔带外侧超车道的横净距满足视距要求；

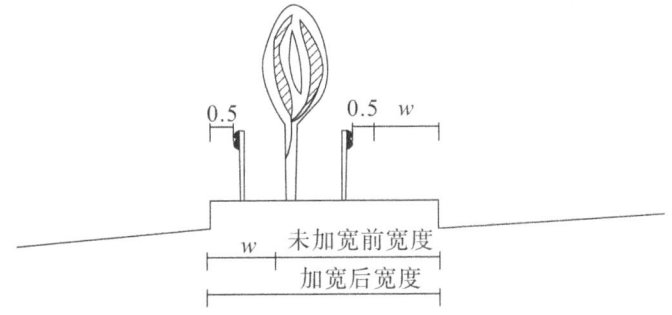

图7-2 加宽中央分隔带侧路缘带宽度

②加宽中央分隔带侧路缘带宽度：由于地形条件限制，无法增大平曲线半径时，可以加宽中央分隔带外侧路缘带宽度，增加中央分隔带外侧超车道的横净距。

③改变中央分隔带外侧护栏和种植的位置：当加宽中央分隔带宽度有困难时，也可以将中央分隔带外侧护栏和种植靠曲线内侧偏移，以增加中央分隔带外侧超车道的横净距。当中央分隔带较窄时（≤1.5 m），一般采用防眩栅而不采用绿化防眩方式。

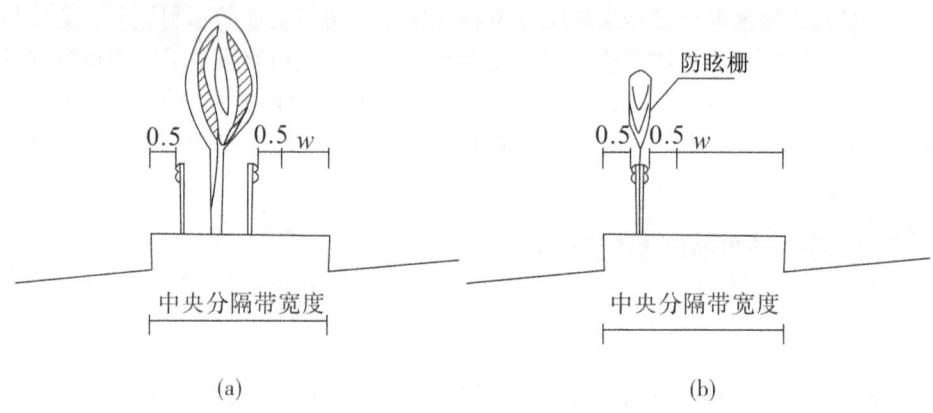

图 7-3　改变中央分隔带外侧护栏和种植的位置

④减小曲线外侧行车道的平曲线半径：当平曲线外侧有条件时，可以适当减小曲线外侧行车道的平曲线半径，使外侧行车道向外靠，内侧行车道和中央分隔带位置保持不变，从而增加外侧超车道的横净距。加宽部分可以作为左侧硬路肩或路缘带使用。

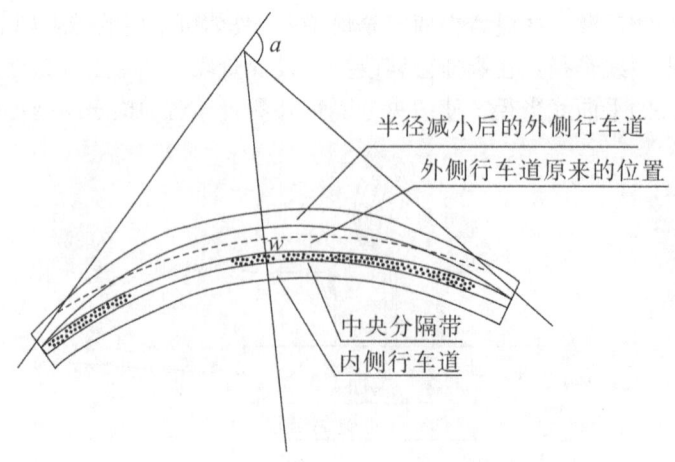

图 7-4　减小曲线外侧行车道的平曲线半径

⑤减小中央分隔带宽度,增大外侧行车道的平曲线半径:当中央分隔带宽度较宽且平曲线转角较小时(一般≤10°),可以减小中央分隔带宽度,使外侧行车道向内靠,从而增大外侧行车道的平曲线半径,减少所需要的横净距。

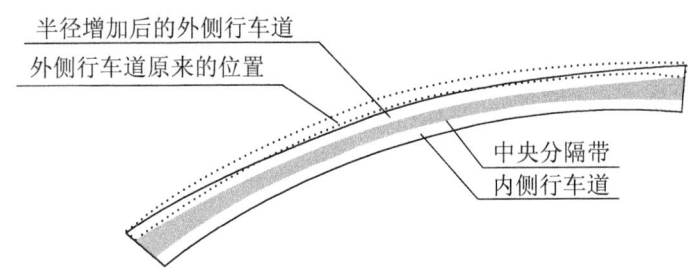

图 7-5 增大外侧行车道的平曲线半径

⑥同时在中央分隔带侧设置限速标志等交通工程措施解决视距不足问题。

7.3 路侧安全净区优化设计技术

路侧险要路段主要安全隐患是车辆驶出路外的事故。优化设计时,可按以下的优先顺序采取对策:

①移除——如果危险物能够被移除的话,宜采用该对策,这是处置危险物最为根本的方法;

②再设计——如果危险物不能被移除,但通过新的设计方案可消除危险物的安全隐患,例如解体效能结构的立杆;

③移位——危险物虽然不能被移除,但可将其移至距离行车道更远的地方,以减小驶出路外的车辆与其碰撞的可能性;

④解体消能设施/装置——如果危险物不能被移除,也不能被移至更远的地方,可考虑采用解体效能设施或装置来降低车辆与其碰撞的严重性;

⑤防护——如果危险物连续分布,采取上述对策不经济时,可考虑对危险物进行防护;

⑥标识危险——受改善资金或其他条件限制时,有时候设计人员不得不采取折中的方案,在一定程度上承担事故风险,仅采取标识危险物的简单对策,同时应设置"超速危险"警告标志,设置视线诱导设施,根据历史事故数据设置强制减速措施等。

7.4 立交优化设计技术

7.4.1 车道数平衡优化设计

在分、合流处,既要保持车道数平衡,又要保持基本车道数的连续性,如果二者发生矛盾时,可通过在分流点前与合流点后的正线上增设辅助车道的办法来解决,如 N_c——分流前或汇流后的主线车道数,N_F——分流后或汇流前的主线车道数,N_E——匝道车道数。

在基本车道数连续的条件下,一般单车道匝道能满足车道数平衡的要求,而设置双车道匝道时车道数不平衡,应增设辅助车道。为使车辆的行驶通畅,按规定辅助车道长度再分流端为 1000 m,最小为 600 m,在合流端为 600 m。另外,当前一个立体交叉加速车道的末端至下一个立体交叉减速车道起点之间的距离小于 500 m 时,必须设辅助车道将两者连接起来;增设辅助车道时,应设渐变率不大于 1/50 的过渡段。

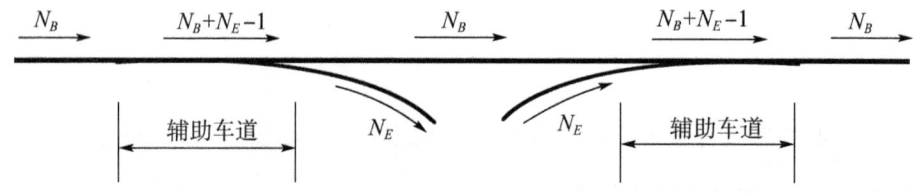

N_c—分流前或汇流后的主线车道数;
N_F—分流后或汇流前的主线车道数;N_E—匝道车道数。

图 7-6 分、汇流处的车道数平衡

7.4.2 匝道优化设计

匝道的优化设计体现在以下几个方面:

①适当加宽匝道,合理设置加、减速区距离,长度应保证车辆加减速后,与末端汇合或出口的设计车速之差不大于 20 km/h。若需要用辅助车道连接相邻入口匝道和出口匝道,应尽可能采用充分长的辅助车道。较长的辅助车道可使车辆有足够的空间交换车道,同时,使用交通标志提前告知匝道的位置和类型。

②当匝道的设计速度比主线道路的设计速度低 25 km/h 以上时,应保证驾驶员可提前清楚地看到速度变化警示标志并能提前看到匝道的弯道。匝道的出口应设在主线道路上无纵向坡度的地方以防对视线的影响,应设在主线道路的直线路段上。匝道应尽量避免使用复合平面曲线或直接相连的反向平面曲线。

③当分流交通量超过每小时 1500 辆时,应采用双车道或多车道入口匝道以增加通行能力和防止交通堵塞。两条高速公路的互通立交可使用多车道出口匝道以增强通行能力和交通安全。为使多车道出口匝道有效,匝道起始位置应设在离分流鼻端至少 600 m 之前。每加一条匝道车道,应多设一条辅助车道。应尽量避免使用在道路左侧的出口匝道。如不得不使用左侧出口匝道,就应特别注意使用相应的交通标志。由于左侧出口匝道的不常用,应尽早使用交通标志提醒驾驶员。为加强交通标志的作用,可在到达左侧出口前的路段内反复使用相同标志。

7.4.3 其他改善立交桥安全的优化设计

（1）路肩震鸣带

当车辆驶在路肩震鸣带上时，轮胎会产生巨大的噪声，以提醒驾驶员其车辆已经偏离行车道。

（2）突起路标

突起路标可增加驾驶员在夜间和视线不好的情况下对行车道的可视度，从而改善道路的安全性。

（3）安全护桶

安全护桶可用于保护桥墩或用于分流鼻端处护栏端头。防撞垫沙桶内填材料一般是细沙，不应有其他杂料。高速公路在设置沙桶式防撞垫时要严格遵守现有规范或标准。

7.5 隧道优化设计技术

隧道路段由于缺乏照明设施、隧道出入口光线强度变化、驾驶者视觉对光线强度的适应性反应需要，易引起的主要安全隐患是车辆碰撞洞口、洞身以及车辆对撞、追尾等事故。解决的基本原则是提供良好的视线诱导，限制车速，禁止超车。优化设计时，综合采用以下措施：

①消除隧道内外横断面的差异。在洞外设置隧道限速和禁止超车标志，并且在洞口端设置防撞桶。同时，为加强视线诱导，在隧道洞口外设置照明设施、轮廓标和黄闪灯。

②优化过渡段设计。隧道内与路基断面过渡段设计可采用两种方式：一是视觉过渡措施，采用交通工程措施将路基断面不一致的情况反射至隧道入口，并在隧道入口前完成路基断面渐变的视觉适应。在隧道入口前 50 m 范围内的右侧硬路肩内应设置斜向行车方向的斑马线，隧道入口前 100 m、出口后 50 m 范围的车行道分界处设置禁止变换车道线，线宽与车行道分界线一致。视觉上使驾驶员认为断面已缩窄。二是护栏过渡措施，在隧道入口，将护栏直接渐变至隧道洞口，并与隧道洞口相连，这种设计同时解决了边缘渐变和视线诱导的问题。

③缓解"黑洞"和"白洞"效应。为缓解隧道入口和出口处常存在的"黑洞"和"白洞"效应给驾驶员带来的心理压力，可在从距洞口设计速度 3 s 行程内设置主动发光诱导设施，并将其延伸至整个洞内，以便实现洞内和洞外明暗程度的平缓过渡。

④隧道入口处的路侧波形梁护栏宜以抛物线形向洞口壁延伸，并设置满足隧道限界要求的圆形端头。

⑤隧道出口处的路侧波形梁护栏可采用与隧道壁搭接的方式，端部护栏板应进行斜面焊接处理。

⑥照明设施和标志立柱位于路侧安全净区范围内,会加剧路侧事故严重程度,建议采用解体消能结构。

7.6 本章小结

拟改扩建高速公路道路及交通运行过程中存在各类安全隐患,在改扩建工程设计过程中,应尽可能地消除不良设计,提出有效的优化设计对策,从而消除或减弱道路的安全隐患,提高道路的安全性,减少或避免交通事故的发生,是改扩建高速公路工程设计的重要内容。本章根据现状道路交通及道路设施的安全性分析,发现拟改扩建高速公路道路及交通运行过程中存在的各类安全隐患,在改扩建工程设计过程中,应用工程措施和管理措施,提出有效的优化设计对策,消除或减弱道路的安全隐患,提高道路的安全性,减少或避免交通事故的发生,是改扩建高速公路工程设计的重要内容。

参 考 文 献

[1] 李淑萍. 长春市二环路交通瓶颈识别及改扩建方案研究 [D]. 长春：吉林大学, 2012.

[2] 徐强等. 高速公路改扩建工程交通组织 [M]. 北京. 人民交通出版社, 2011.

[3] 朱洪磊, 基于模糊聚类的高速公路交通运行状态判别与应用 [D]. 广州：华南理工大学, 2017.

[4] 王炜, 过秀成, 等. 交通工程学 [M]. 南京：东南大学出版社, 2011.

[5] 杨永延. 公路设计中对技术指标应用的探讨 [J]. 青海交通科技, 2006 (6)：37-39.

[6] Witheford D. K., NCHRP synthesis 178, Truck Escape Ramps, a synthesis of highway practice [J]. 1992.

[7] Leish J. E., Leisch J. P. New Concepts in Design-speed application [J]. Transportatio Research Record, 1977 (63)：4-14.

[8] 邱祯国. 贵州公路建设中技术标准的合理运用 [J]. 武汉交通职业学院学报, 2002, 4 (4)：61-63.

[9] 胡厚池. 改建公路中的设计灵活性 [J]. 西南公路, 2006 (2)：2-5.

[10] 戈向群. 老路改建工程线形的设计与研究 [D]. 南京：东南大学, 2004.

[11] 邓瑞. 城市区域路网交通瓶颈识别与预测 [D]. 成都：西南交通大学, 2012.

[12] 张小宁, 李乐园, 张红军. 通行能力变化时的瓶颈交通分配模型应用研究 [J]. 同济大学学报 (自然科学版), 2008 (03)：315-318.

[13] 苏凯. 基于 GIS 的城市路网通行能力问题的研究 [D]. 武汉：湖北大学, 2012.

[14] 陈冠. 广河高速公路（广州段）提升设计车速的技术论证 [J]. 湖南交通科技, 2008 (02)：22-25.

[15] 徐瑶琳, 符锌砂. 高速公路改扩建工程车速限制方案研究 [J]. 山东交通科技, 2012 (05)：8-12.

[16] 王长军, 王宝, 何斌. 一级公路改建高速公路项目设计速度分析研究 [J]. 公路, 2012 (5)：83-86.

[17] 吉林省交通科学研究所. 高速公路车道数影响因素研究 [科技成果]. 来源：中国科技项目创新成果鉴定意见数据库（知网版）.

[18] 叶小宝, 林豪, 王乐群. 谈高速公路车道数确定的方法 [J]. 山西建筑, 2015 (05)：132-133.

[19] 邵旭东, 彭建新, 晏班夫, 等. 基于全寿命成本的桥梁车道数决策研究

[J]. 土木工程学报, 2008 (10): 45-52.
[20] 张亚平, 裴玉龙. 道路通行能力研究现状及发展综述 [J]. 交通运输工程学报, 2002, 2 (2).
[21] 亓会杰. 高速公路改扩建期间施工路段通行能力研究 [D]. 西安: 长安大学, 2009.
[22] 中华人民共和国交通部. 2012 年公路水路交通运输行业统计公报 (2012), 2012.
[23] Paul Schonfeld, Steven Chien. Optimal Work Zone Lengths for Two-Lane Highways [J]. Journal of Transportation Engineering. 1999 (9): 21-29.
[24] Patrick S. Byrd, Geza Pesti, Daniel S. Jessen, Patrick T. McCoy. Traffic Flow Characteristics of the Late Merge Work Zone Control Strategy [J]. The 78th Annual Meeting Transportation Research Board, Washington, D. C. , revised. 1999: 1023-1046.
[25] Ail Kamyab, T. H. Maze, Steve Gent. Work Zone Speed Control and Management by State Transportation Agencies and Toll Authorities [C]. The 80th Annual Meeting Transportation Research Board, Washington, D. C. , revised. 2001: 20-22
[26] Asad J. Khattak, Aemal J. Khattak, Forrest M. Council. Effects of Work Zone Presence on Injury and Non-injury Crashes [J]. Accident Analysis & Prevention. 2002, 34: 19-29
[27] Krammes, R. A. , G. O. Lopez. "Updated Capacity Values for Short-Term Freeway Work Zone Lane Closures." Transportation Research Record 1442 [C]. Transportation Research Board. Washington, D. C. 1994.
[28] Dixon, K K, Hummer J E, Lorscheider A R. Capacity For North Carolina Freeway Work Zones [J]. Transportation Research Record, 1996, 1529 (1): 27-34.
[29] Tarko, A. P. , S. R. Kanipakapatnam. "A Macroscopic Model of Freeway Work Zones". Traffic Congestion and Traffic Safety in the 21st Century: Challenges, Innovations, and Opportunities. ASCE, 1997: 298-304.
[30] Enberg A, Mannan M S, Capacity and Traffic characteristics at a Freeway Work Zone in Finland [C] // Third International Symposium on Highway Capacity Traroportation Research Board Highway Capacity and Quality of Service Committee, Danish Road Directorate. 1998 (Volumes), 1998: 397-421.
[31] Maze, T. , A. Kamyab. Work Zone Simulation Model. Center for Transportation Research and Education, Iowa State University, Ames, Iowa. September 1999.
[32] Maze, T. , A. Kamyab. Work Zone Simulation Model-Companion Report. Cen-

ter for Transportation Research and Education, Iowa State University, Ames, Iowa. September 1999.

[33] Maze, T., S. Schrock, A. Kamyab. Capacity of Freeway Work Zone Lane Closures. Mid-Continent Transportation Symposium 2000 Proceedings, 178 – 183. 2000.

[34] Al-Kaisy A., M. Zhou, F. Hall. New Insights Into Freeway Capacity at Work Zones：Empirical Case Study. Transportation Research Record 1710. Transportation Research Board. Washington, D. C. 2000.

[35] Al-Kaisy A., F. Hall. Examination of Effect of Driver Population at Freeway Reconstruction Zones. ASCE Journal of Transportation Research Record 1776. Transportation Research Board. Washington, D. C. 2001.

[36] Adeli, H., X. Jiang. Neuro-Fuzzy Logic Model for Freeway Work Zone Capacity Estimation. ASCE Journal of Transportation Engineering, Vol 129, No. 5. 2003：484 – 493.

[37] Sarasua, WA, Davis WJ, Clarke D B, et al. Evaluation of Interstate Highway Capacity for Short-Term Work Zone Lane Closures [J]. Transportation Research Record 2004, 1877 (1)：85 – 94.

[38] University of Florida Transportation Center (TRC). Final Report to the Florida Department of Transportation System Planning Office on Project "Impact of Trucks on Arterial LOS and Freeway Work Zone Capacity" Part B：Freeway Work Zone Capacity. FDOT Contract BD – 545 – 51 (UF Project 00054954), 2007.

[39] Richards, S. H., Dudek, C. L. Field Evaluation of Traffic Management Strategies for Maintenance Operations in Freeway Middle Lanes [J]. Transportation Research Record 703, 1979：31 – 36.

[40] Federal Highway Administration, Highway Safety Improvement Program (HSIP), FHWA – TS – 81 – 218, 1981.

[41] Manual H C. Highway capacity manual [J]. Washington, DC, 2000, 11.

[42] 葛婷. 高速公路改扩建施工期间交通组织方案研究 [D]. 广州：华南理工大学，2012.

[43] 黄进堂，刘俊，贺磊，等. 沪宁高速公路扩建工程施工期间交通组织的经验浅谈 [J]. 交通与运输（学术版），2008（01）：25 – 28.

[44] 刘俊，夏振翔，张毅媚，等. 沪杭高速公路（莘松段）施工期间交通组织方案 [J]. 交通与运输，2009（02）：56 – 58.

[45] 段娟. 基于路网的高速公路改造期间交通组织方法研究 [D]. 长沙：长沙理工大学，2013.

[46] 邰永刚. 高速公路波形梁护栏再利用技术研究 [J]. 广东公路交通，2009

(04): 93-94.

[47] 广东省路桥建设发展有限公司. 高速公路波形梁护栏再利用技术研究 [科技成果]. 中国科技项目创新成果鉴定意见数据库(知网版).

[48] 孙尧. 浅谈交通标志的再利用 [J]. 科技创新与应用, 2015 (02): 194.

[49] 皮亚龙. 高速公路改扩建期交通安全管理系统研究 [D]. 武汉: 武汉工程大学, 2013.

[50] 韩跃杰. 高速公路改扩建作业区交通组织及安全保障技术研究 [D]. 西安: 长安大学, 2012.

[51] 李悦. 高速公路改扩建若干关键技术研究——以京港澳高速公路改扩建为例 [D]. 西安: 长安大学, 2012.

[52] 周茂松, 吴兵. 美国道路作业区交通管理研究与启示 [J]. 中外公路, 2005, 25 (1): 116-119.

[53] M. J. Faulkner, S. H. Richards. Field Evaluation of Highway Advisory Radio for Work Zone Traffic Management. Texas: Trasportation Research Board, 1981: 3-10.

[54] Steven Chien, Yimin Tang, Paul Schonfeld. Optimizing Work Zone for Two-Lane Highway Maintenance Projects. Journal of Transportation Engineering. 2002, (3): 145-155.

[55] Virginia P. Sisiopiku, Richard W. Lyles. Study of Speed Patterns in Work Zones. The 78th Annual Meeting Transportation Research Board, Washington, D. C., revised. 1999: 978-992.

[56] James Migletz, Jerry L. Graham, Ingrid B. Anderson, Douglas W. Harwood, Karin M. Bauer. Work Zone Speed Limit Procedure [M/CD]. Preprints of the Transportation Research Board 78th Annial Meeting, Washington, D. C., January 1999.

[57] Steven I. Chien, Himanshu C. Patel. Optimum Work Zone Length for Two-Lane Commuter Roadways [M/CD]. Preprints of the Transportation Research Board 81th Annual Meeting, Washington, D. C., Juanuary 2002.

[58] Chun-Hung Chen, Paul Schonfeld. Work Zone Lengths for a Four-Lane Road with an Alternate Route [M/CD]. Preprints of the Transportation Research Board 82th Annual Meeting, Washington, D. C., January 2003.

[59] Federal Highway Administration. Manual on Uniform Traffic Control Devices for Streets and Highways. Washington D. C., U. S. Department of Transportation, 2009 Ed: 6A-6I.

[60] Geza Pesti, Poonam Wiles, Ruey Long (Kelvin) Cheu. Traffic Control Strategies for Congested Freeways and Work Zones. Transportation Research board,

Washington D. C. 2008

[61] Hsin-Yun Lee. Optimizing schedule for improving the traffic impact of work zone on roads. Automation in Construction, 2009, 18 (8): 1034-1044.

[62] Rami Harb, Essam Radwan, Vinayak V. Dixit. Comparing Three Lane Merging Schemes For Short-term Work Zones—A Simulation Study. Transportation Research board, Washington D. C. 2010

[63] 北京市质量技术监督局. 占道作业交通安全设施设置技术要求 [S]. 2012.

[64] 上海市市政管理处. 城市道路养护维修作业安全技术规程 [S]. 2006.

[65] 中华人民共和国交通部. 公路养护安全作业规程 JTG H30—2004.

[66] 王忠仁. 美国施工区交通管理的关键技术和策略 [J]. 重庆交通大学学报（自然科学版）. 2012, 31 (3): 425-464.

[67] Zech WC. Enhancing Work Zone Safety [D]. Buffalo: State University of New York, 2004.

[68] Bushman R, Chan J, Berthelot C. A Canadian Perspective on Work Zone Safety, Mobility and Current Technology [Z]. Saskatoon: 2004.

[69] 赵晓雷. 公路改扩建作业区交通安全分析与设施设置研究 [D]. 哈尔滨：哈尔滨工业大学, 2007.

[70] 陈宽民, 严宝杰. 道路通行能力分析 [M]. 北京：人民交通出版社, 2003.

[71] 廖朝华. 高速公路改扩建工程关键技术研究 [D]. 武汉：武汉理工大学, 2009.

[72] 张涛. 高速公路改扩建标准及综合影响评价指标体系研究 [D]. 西安：长安大学, 2013.

[73] 华杰工程咨询有限公司. 公路项目安全性评价规范：JTG B05—2015 [M]. 北京：人民交通出版社, 2016.

[74] 交通部公路司中国工程建设标准化协会公路工程委员会. 公路工程技术标准 [M]. 北京：人民交通出版社, 2004.

[75] 中交第二公路勘察设计研究院有限公司. 公路路基设计规范 [M]. 北京：人民交通出版社, 2015.

[76] 浙江省交通设计院. 公路隧道设计规范 [M]. 北京：人民交通出版社, 1991.

[77] 重庆交通科研设计院. 公路隧道交通工程设计规范 [M]. 北京：人民交通出版社, 2005.

[78] 招商局重庆交通科研设计院有限公司. 公路隧道设计规范. 第二册, 交通工程与附属设施 [M]. 北京：人民交通出版社, 2014.

[79] 中交公路规划设计院. 公路桥涵设计通用规范 [M]. 北京：人民交通出版社, 2004.

[80] 中国公路工程咨询集团有限公司. 公路立体交叉设计细则 [M]. 北京：人民交通出版社, 2014.

[81] 郭忠印. 道路安全工程 [M]. 北京：人民交通出版社, 2012.

[82] 交通部第一公路勘察设计院. 公路路线设计规范 [M]. 北京：人民交通出版社, 1985.

[83] 刘庆法. 路网环境下高速公路网容量提升及关键技术研究 [D]. 西安：长安大学, 2014.

[84] 谢军. 高速公路通行能力分析与服务质量评价研究 [D]. 西安：长安大学, 2007.

[85] 石红伟. 基于运输需求的路网规划理论研究 [D]. 西安：长安大学, 2011.

[86] 汪丽媛, 陈燕, 陈飞. 基于全寿命周期的公路成本分析探讨 [J]. 交通标准化, 2010 (11).

[87] 虎啸, 吴群琪. 基于运输需求的基础路网规划理论与方法研究 [J]. 公路交通科技, 2010 (05).

[88] 唐俊忠. 基于运输需求的区域公路网优化理论初步研究 [D]. 西安：长安大学, 2010.

[89] 邵旭东, 彭建新, 晏班夫, 等. 基于全寿命成本的桥梁车道数决策研究 [J]. 土木工程学报, 2008 (10)：45-52.

[90] 茹红蕾. 城市道路通行能力的影响因素研究 [D]. 上海：同济大学, 2008.